MIX
Papier aus verantwortungsvollen Quellen
Paper from responsible sources
FSC® C105338

Jonas M. Kress

Big Data mit Hadoop und Hive

Untersuchung der Migration einer MySQL-basierten Monitoring & Data Warehouse Lösung nach Hadoop

Diplomica Verlag GmbH

Kress, Jonas M.: Big Data mit Hadoop und Hive: Untersuchung der Migration einer
MySQL-basierten Monitoring & Data Warehouse Lösung nach Hadoop, Hamburg,
Diplomica Verlag GmbH 2013

Buch-ISBN: 978-3-8428-8740-4
PDF-eBook-ISBN: 978-3-8428-3740-9
Druck/Herstellung: Diplomica® Verlag GmbH, Hamburg, 2013

Bibliografische Information der Deutschen Nationalbibliothek:
Die Deutsche Nationalbibliothek verzeichnet diese Publikation in der Deutschen
Nationalbibliografie; detaillierte bibliografische Daten sind im Internet über
http://dnb.d-nb.de abrufbar.

Das Werk einschließlich aller seiner Teile ist urheberrechtlich geschützt. Jede Verwertung
außerhalb der Grenzen des Urheberrechtsgesetzes ist ohne Zustimmung des Verlages
unzulässig und strafbar. Dies gilt insbesondere für Vervielfältigungen, Übersetzungen,
Mikroverfilmungen und die Einspeicherung und Bearbeitung in elektronischen Systemen.

Die Wiedergabe von Gebrauchsnamen, Handelsnamen, Warenbezeichnungen usw. in
diesem Werk berechtigt auch ohne besondere Kennzeichnung nicht zu der Annahme,
dass solche Namen im Sinne der Warenzeichen- und Markenschutz-Gesetzgebung als frei
zu betrachten wären und daher von jedermann benutzt werden dürften.

Die Informationen in diesem Werk wurden mit Sorgfalt erarbeitet. Dennoch können
Fehler nicht vollständig ausgeschlossen werden und die Diplomica Verlag GmbH, die
Autoren oder Übersetzer übernehmen keine juristische Verantwortung oder irgendeine
Haftung für evtl. verbliebene fehlerhafte Angaben und deren Folgen.

Alle Rechte vorbehalten

© Diplomica Verlag GmbH
Hermannstal 119k, 22119 Hamburg
http://www.diplomica-verlag.de, Hamburg 2013
Printed in Germany

Inhaltsverzeichnis

1 Einleitung   **1**
   1.1 Motivation 1
   1.2 Kurzbeschreibung 3
   1.3 Abstract 3

2 Problemstellung   **5**
   2.1 Ist-Zustand 5
      2.1.1 Kurzbeschreibung 5
      2.1.2 Funktionsübersicht 6
      2.1.3 Komponenten 6
      2.1.4 Infrastruktur, Kommunikation und Datenfluss 15
   2.2 Problembeschreibung und Anforderungen 17
      2.2.1 Reliability, Availability und Serviceability (RAS) 17
      2.2.2 Ressourcenverbrauch 18
      2.2.3 Performance und Skalierung 19
      2.2.4 Funktionsumfang und Komplexität der Auswertung 20
   2.3 Zielsetzung 21

3 Grundlagen   **22**
   3.1 ETL-Prozess 22
   3.2 PHP Data Objects (PDO) 23
   3.3 Thrift 23
   3.4 Apache Hadoop 24
      3.4.1 Hadoop Distributed File System (HDFS) 25
      3.4.2 HBase 25
      3.4.3 MapReduce 26
      3.4.4 Hive 27

4 Systementwurf   **29**
   4.1 Infrastruktur 29
   4.2 Komponenten 31
      4.2.1 Hadoop Daten-Import 31
      4.2.2 Hadoop Daten-Export 31

		4.2.3	Monitoring	32
	4.3	\multicolumn{2}{l}{Datenstruktur . . . .}	33
		4.3.1	HBase	33
		4.3.2	Hive	36

5 Implementierung — 38

	5.1	PHP-Hadoop Framework	38
		5.1.1 Thrift-Clients	39
		5.1.2 PHP Data Object (PDO)	40
		5.1.3 Plug-in-Interfaces	40
		5.1.4 Tests	44
		5.1.5 Commandline-Tool	45
		5.1.6 Programmfluss	45
	5.2	Monitoring-Dienst	49

6 Evaluation — 50

	6.1	Testumgebung	50
	6.2	Test-Szenario	51
		6.2.1 Daten-Import	51
		6.2.2 Statistik-Abfragen	52
		6.2.3 Ressourcenverbrauch	53
		6.2.4 Hive und HBase Vergleich	54
	6.3	Ergebnis	54
		6.3.1 Statistik-Abfrage	54
		6.3.2 Ressourcenverbrauch	64
		6.3.3 Hive und HBase Vergleich	79

7 Fazit — 80

	7.1	Ergebnis	80
	7.2	Ausblick	81
	7.3	Epilog	82

A Anhang — 83

	A.1	Parameter des Commandline-Tools	87

Literaturverzeichnis — 89

1 Einleitung

1.1 Motivation

Im Internet etwas suchen oder mal schnell eine Nachricht an Freunde senden, diese Dinge sind für uns alltäglich geworden. Das Internet ist allgegenwärtig für jedermann. Jeder ist online, in sozialen Netzwerken aktiv, gibt permanent Informationen zum Befinden, über Aufenthaltsorte und Aktivitäten preis. Riesige Freundeskreise konsumieren, verbreiten und kommentieren diese Informationen. Ständig wird dadurch eine unglaubliche Datenmenge produziert.

Im Internet omnipräsente Unternehmen und Betreiber von sozialen Netzwerken sind Google und Facebook. Google versucht das komplette Internet auszuwerten und besitzt hierzu einen fast 100 Millionen Gigabyte großen Index, in den jeden Tag hundert tausende Gigabytes hinzugefügt werden [Inc10]. Bei Facebook werden in jeder Sekunde mehr als 50 000 Sofortnachrichten verschickt [Gra11] und das Speichern der Profile und Aktivitäten der Weltbevölkerung erstrebt.

Doch wie viele Daten sind überhaupt in der Welt vorhanden und wie viele Informationen lassen sich daraus gewinnen?

Die höchste bekannte Datendichte findet man in der DNA mit $0,94 \times 10^{18}$ Buchstaben pro mm^3 [Git06]. Damit könnte man den Inhalt der Bibel auf der große eines Stecknadel-Kopfes ungefähr 788 Milliarden Mal speichern. Das menschliche Genom besteht aus ungefähr 3×10^9 Buchstaben, dies entspricht ca. drei Gigabyte an Daten. Diese Zahl wirkt erstaunlich klein, wenn man bedenkt, dass sich dahinter der komplette Bauplan eines Menschen verbirgt.

In der Praxis zeigt sich jedoch, dass die in den Daten gespeicherte Information ein unvorstellbar hohes Ausmaß annimmt. Dies wurde im Zuge des Human Genome Projects [oEtNIoH] offensichtlich, bei dem durch die Decodierung der Basenpaare die Daten der DNA entschlüsselt wurden, die dahinter liegende Bedeutung der einzelnen Gene allerdings größtenteils verborgen blieb.

Mit wie vielen Daten lässt sich ein Menschenleben beschreiben?

Der Mensch nimmt seine Umwelt vorwiegend über die visuellen Reize war und besitzt hierzu ungefähr 126 Millionen Sinneszellen pro Auge. Jeder Rezeptor liefert pro Sekunde Informationen im Bereich von 0 bis 1000 Impulsen, dies entspricht 10 Bits pro Sekunde.

Daraus ergibt sich eine Datenmenge von ca. 1,2 Gigabyte pro Sekunde [Git06]. Bei acht Stunden Schlaf pro Tag und einer Lebensdauer von 75 Jahren ergibt sich so eine Menge von 1.503 Petabyte an visuellen Daten pro Auge.

Die anfallenden Daten der Sinneszellen werden im Gehirn von über hundert Milliarden Nervenzellen verarbeitet, die jede Sekunde elektrische Signale an Zehntausende weitere Neuronen senden. Diese enorme Menge an Datenfluss entspricht hundertmal der Menge an Bits, die in dieser Zeit im Internet transferiert werden. [KB09]

Dies führt schließlich zu der Frage: Was begrenzt die Ansammlung von Daten, wie viel Informationen können daraus gewonnen werden und welchen Wert haben diese?

Der Mensch strebt seit jeher danach, die von der Natur gesetzten Maßstäbe mit modernen Technologien zu erreichen oder sogar zu übertreffen. In die Zukunft prognostiziert bedeutet das eine sich permanent potenzierende Datenmenge. Exponentielles Wachstum der Speicher-Dichte, rapide fallende Preise für persistente Terabytes eines wird klar - der Preis für Speicherplatz, die gesetzlich verordnete Datensparsamkeit und der von der Politik geforderte "digitale Radiergummi" wird die bestehende Datensammelwut nicht aufhalten können.

Der enorme Wert von Information kann an der Börsen-Dotierung von Unternehmen wie Facebook und Google abgelesen werden, die ihren Umsatz fast ausschließlich durch die Verarbeitung von Daten generieren. Der Marktwert von Google Inc. liegt bei ca. 150 Milliarden Euro (02/2012) [Res]. Facebook Inc. konnte jüngst die Summe an Investorengeldern um 1,5 Milliarden Dollar [Inc11] erhöhen.

Doch der reelle Wert von Daten lässt sich weniger aus der gespeicherten Menge derselben ableiten. Von viel größerer Bedeutung sind die relevanten Informationen, die sich aus ihnen gewinnen lassen. Folglich bemisst sich der wahre Wert der Daten vielmehr an der Qualität der zur Verfügung stehenden Methoden der Extraktion von relevanten Informationen.

So wird deutlich, dass der heutzutage begrenzende Faktor nicht mehr durch die fehlende Möglichkeit der Speicherung, sondern vielmehr durch die Leistung von Systemen zur Informationsgewinnung und Verarbeitung definiert wird. Es gilt also, durch die Entwicklung neuer Paradigmen in der EDV den Anforderungen des Informationszeitalter Herr zu werden.

Die im großen Kontext aufgezeigte langfristige Weiterentwicklung der informationsverarbeitenden Systeme wird in dieser Arbeit innerhalb eines Subsystems umgesetzt.

1.2 Kurzbeschreibung

Die escape GmbH betreibt ein MySQL basiertes Dataware-House in das Daten aus verschiedenen Webpräsenzen fließen, um dort ausgewertet zu werden. Nach Jahren des erfolgreichen Betriebs nimmt mit der ständig steigenden Menge an gespeicherten Daten die Leistung des Systems allerdings ab. Die Laufzeiten für Auswertungen steigen und die Agilität sinkt. Kleine Optimierungen und Veränderungen des Systems können das Unbrauchbarwerden hinauszögern, als aber aus Gründen der Leistung auf einen Teil der Abfragen verzichtet werden muss, wird schließlich klar, dass nur eine grundlegende Veränderung des Systems den langfristigen Betrieb sicherstellen kann. Aus diesem Grund wurde nach Technologien gesucht, deren Fähigkeiten die Leistung des bestehenden Dataware-Houses verbessern können. Dies führte zu Hadoop [Fouc][Whi10a], einem Open Source Framework, welches die Verarbeitung von riesigen Datenmengen in einem Cluster erlaubt.

Diese Arbeit untersucht, wie Komponenten des bisherigen Systems durch Dienste von Hadoop ersetzt werden können. Sie wertet die Möglichkeiten zur Strukturierung von Daten in einer spaltenbasierten Datenbank aus, evaluiert in einem Benchmark, wie sich die Zeit von Abfragen im Verhältnis zu einer stetig steigenden Datenmenge verhält und analysiert detailliert den Ressourcenverbrauch des Clusters und dessen Knoten.

Die Implementierung zeigt, dass sich die spaltenbasierten Datenbank HBase sehr gut zum Speichern von einer sehr großen Menge an semistrukturierten Daten eignet und die Dataware-House Komponente Hive durch die Unterstützung eines SQL ähnlichen Syntax das Erstellen von Abfragen komfortabel ermöglicht. Die Literatur beschreibt, dass HBase automatisch linear mit dem Hinzufügen von neuen Knoten skaliert. Der durchgeführte Benchmark zeigt, dass die Ausführungs-Zeit der getesteten Abfragen fast genau linear zur Datenmenge steigt, der Ressourcenverbrauch nur gering wächst und die Last im Cluster gleichmäßig verteilt wird. Dies lässt die Schlussfolgerung zu, dass sich Hadoop gut zum Betrieb einer Dataware-House Lösung eignet.

1.3 Abstract

The escape GmbH runs a MySQL based on data warehouse in which data from various websites flows to be analysed. The constant growing size of the data stored over the years led to a decreasing performance of the system. The execution time for queries increases while the agility declines. Small improvements and changes of the system were able to delay the inoperativeness. Because of the lack of performance though, part of the queries had to be abandoned. It was clear thus that only a fundamental change could ensure the operation of the system in the long term. For this reason an analysis was made in order to find a new technology that could improve the existing system. This led to Hadoop [Fouc][Whi10a] an Open Source framework for processing vast datasets in a cluster.

This paper studies how components of the current system can be replaced by services of Hadoop. It shows an analysis of possibilities of structuring data in a column oriented database, an evaluation on how the execution time of queries behaves with a constant growing dataset size and detailed monitoring data of the resource consumption of the cluster and its nodes.

The implementation points out that the column oriented database Hbase works very well for saving vast amounts of semi-structured data and the data warehouse component Hive allows a creation of queries conveniently due to its SQL like syntax support. The literature describes that HBase automatically scales linearly with new nodes. The performed benchmark shows that the execution time of the tested queries increases almost exactly linear with a growing data set size. The resource consumption also grows slightly and is distributed evenly to all nodes within the cluster. This leads to the conclusion that Hadoop is well suitable to operate a data warehouse system.

2 Problemstellung

Das folgende Kapitel widmet sich dem strukturierten Aufzeigen der Problemstellung.

Hierzu wird zuerst der Ist-Zustand skizziert, indem eine illustrative Funktions-Übersicht geboten wird, deren Komponenten im weiteren Verlauf detailliert beschrieben werden. Anschließend wird die Kommunikation und der Datenfluss im System aufgezeigt.

Darauf aufbauend wird die Problemstellung formuliert, deren wesentliche Punkte in einer Zielsetzung münden.

2.1 Ist-Zustand

Dieser Abschnitt beschreibt das vorhandene System mit allen wichtigen Komponenten und dem Fluss der Daten. Dies verdeutlicht den Funktionsumfang und die wesentliche Charakteristik der implementierten Software.

Es zeigt die relevanten und spezifischen Merkmale auf und erlaubt dem Leser darauf aufbauender Beschreibungen und Annahmen nachzuvollziehen.

2.1.1 Kurzbeschreibung

Das vorhandene System besteht im Wesentlichen aus einer öffentlichen Webseite und einem Backend-Bereich, in welchem Statistiken über den Betrieb und die Benutzer betrachtet werden können. Außerdem erlaubt dort ein Monitoring-Dienst aufgezeichnete Vorgänge auszuwerten.

Beim Eintreffen eines Besuchers auf der Webseite wird eine Sitzung für diesen erstellt. Diese verfügt über einen eindeutigen Namen und kann mehreren Aktionen eines Benutzers im System zugeordnet werden, da sie diesen Request übergreifend mit Hilfe von Sitzungscookies identifiziert.

Die Applikation der Website besteht aus einer Vielzahl von Modulen, die relevante Daten, versehen mit Zeitstempel und Sitzungs-Namen, abspeichern.

2.1.2 Funktionsübersicht

Die betriebene Monitoring und Data-Warehouse Lösung erlaubt es, relevante Modul-Daten der Applikation aufzuzeichnen, gespeicherte Werte zu überwachen und Kennzahlen in einer Statistik zusammenzufassen.

Die festgehaltenen Werte der Module können zum Zweck der Überwachung mit der Hilfe eines Monitoring-Dienstes betrachtet werden, welcher die Möglichkeit zum Filtern nach Kriterien wie Sitzungs-Namen, Modulen und Zeiträumen erlaubt.

In der Statistik wird eine globale Sicht auf die Quelldaten aus den verschiedenen Modulen geboten und so eine übergreifende Auswertung der aufgezeichneten Vorgänge und Eingaben ermöglicht. Die gewonnen Informationen werden als Berichte und Diagramme dargestellt.

Eine Funktionsübersicht, bei der die Applikation, welche aus einer Vielzahl von Modulen besteht, Daten liefert, die im Monitoring überwacht und in einer Statistik betrachtet werden können, kann in Abbildung 2.1 betrachtet werden.

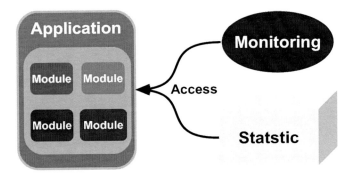

Abb. 2.1: Funktionsübersicht der Applikation mit Modulen, Monitoring und Statistik

2.1.3 Komponenten

Die Applikation und deren Module stellen die Informations-Quelle dar, deren Daten durch die Logging-Komponente im linken Teil der Datenhaltung abgelegt werden, hier finden ausschließlich schreibende Zugriffe auf die MySQL-Datenbank statt.

Die aufgezeichneten Daten werden periodisch auf die rechte Seite des Ring-Puffer übertragen, auf die der Monitoring-Dienst und die Statistik ausschließlich lesend zugreifen.

Eine Übersicht der vorhanden Komponenten des Systems und dem zugehörigen Informationsfluss. Bestehend aus der Applikation, deren Modul-Daten mit Hilfe der Logging-Komponente in die Datenhaltung fließen, um dort dem Monitoring und der Statistik zur Verfügung zu stehen. Kann unter Abbildung 2.2 betrachtet werden.

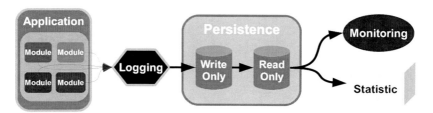

Abb. 2.2: Übersicht der Komponenten und dem Informationsfluss

2.1.3.1 Applikation und Module

Die Applikation besteht aus einer Vielzahl von Modulen, welche Daten wie System-Variablen, Benutzer-Interaktion bzw. -Eingaben und Intersystem-Kommunikation verarbeiten. Von den anfallenden Daten werden jene an die Logging-Komponente übergeben, die relevant für das Nachvollziehen von Vorgängen und Zuständen sind.

Der überwiegende Teil der hierbei transferierten Informationen hat die Struktur eines assoziativen Datenfelds (*<Key, Value>* z.B. *<'transactionId', 'ID_a1s54dsd'>*).

2.1.3.2 Logging

Die Logging-Komponente bietet den Modulen ein einheitliches Interface zum Hinterlegen von Daten und steuert die Persistenz.

Interface

Das homogene Interface für die Module hat folgende Form:

log(ModuleName, ModuleEvent, Array<<K1,V1>,<K2,V1>,...,<Kn,Vn>>)

- ModuleName
  Name des aufrufenden Moduls als alphanumerischer String.
- ModuleEvent
  Ereignis innerhalb eines Moduls als alphanumerischer String.

- DataArray
  Aufzuzeichnende Modul-Daten als assoziatives Array.

Beispiel für einen Bezahlungseingang im Modul Payment:
log('Payment', 'New', <<'transactionId', 'ID_a1s54dsd'>, <'amount', '199'>>)

Persistenz

Die übergebenen Daten werden in einer MySQL-Datenbank mit folgenden Tabellen gespeichert:

- logging
  Haupteintrag des Modul-Ereignisses mit Zeitstempel und Verweisen auf weitere Tabellen.

- logging_module
  Name des aufrufenden Moduls.

- logging_event
  Name des Ereignisses im Modul.

- logging_data
  Modul-Daten zeilenweise als <Key, Value> mit Referenz zur Tabelle mit den Schlüsselwerten.

- logging_data_key
  Schlüsselwerte für alle Modul-Daten.

- logging_session
  Benutzer Sitzung mit eindeutigem Token.

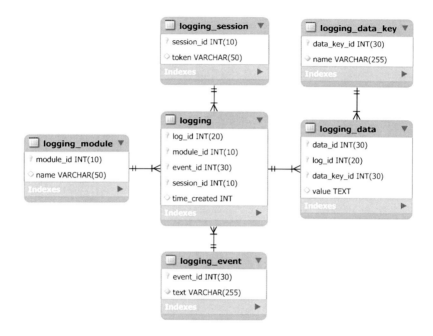

Abb. 2.3: Schema der MySQL-Datenbank der Persistenz.

Bei jedem Aufruf wird ermittelt, ob das übergebene Modul und dessen Event bereits hinterlegt sind. Falls dies nicht der Fall ist, wird das entsprechende Modul in der Tabelle 'logging_module' eingetragen und eine Modul-Daten-Tabelle nach dem Schema 'logging_data_[module_id]' erzeugt bzw. ein Eintrag in der Tabelle 'logging_event' eingefügt.

Die gegebenenfalls erzeugten Modul-Daten-Tabellen (z.B. 'logging_data_1') dienen zur Partitionierung der Daten auf Anwendungsebene, um eine Erhöhung der Performance zu erreichen und eine physische Abgrenzung der jeweiligen Modul-Daten zu gewährleisten.

Die Modul-Daten in der Form <Key, Value> werden mit den Tabellen 'logging_data' und 'logging_data_key' abgebildet. Hierbei werden die Values in der Tabelle 'logging_data' gespeichert und von dort aus auf den Key, der in der Tabelle 'logging_data_key' hinterlegt ist, referenziert. Falls beim Aufruf ein Schlüsselwert in der 'logging_data_key' noch nicht existiert, wird dieser angelegt.

Abschließend wird die aktuelle Benutzer-Sitzung (Session) ermittelt, um mehrere Modul-Ereignisse einem Benutzer eindeutig zuordnen zu können. Hierfür wird pro Session ein eindeutiger Token erstellt, der in der Tabelle 'logging_session abgelegt' wird.

Nach dem Ablegen der Daten in der MySQL-Datenbank greift der Ring-Puffer periodisch auf die Tabellen zu, um sie weiter zu verarbeiten.

2.1.3.3 Datenhaltung

In der Datenhaltung ist ein Ring-Puffer implementiert, der dazu dient eine Datenbasis zu schaffen, in die die Schreibzugriffe der Logging-Komponente nicht in Interferenz zu den Lesezugriffen des Monitor Dienstes und der Statistik treten. Außerdem wird dadurch eine Server übergreifende periodische Übertragung der Informationen ermöglicht.

Die Funktionalität wird durch die Benutzung von mehreren MySQL-Datenbanken, Views und Synchronisations-Skripten umgesetzt.

Eine Übersicht des Datenflusses innerhalb der Datenhaltungs-Komponente. Ausgehend vom View, in den die Daten geschrieben werden und der auf die rotierenden Puffer-Datenbanken verweist, bis zur Zieldatenbank, auf die lesend zugegriffen wird. Kann unter Abbildung 2.4 betrachtet werden.

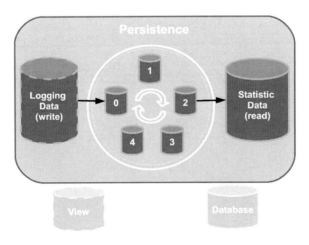

Abb. 2.4: Datenfluss innerhalb der Datenhaltungs-Komponente

Datenbanken, Views und Indizes

Die Datenhaltung besteht im Wesentlichen aus fünf Puffer-Datenbanken, in die jeweils für einen bestimmten Zyklus-Abschnitt der Rotation geschrieben wird, und einer Ziel-Datenbank, in die die Daten schließlich fließen, nachdem sie die Rotation durchlaufen haben.

In den Puffer-Datenbanken befinden sich die Tabellen, in die das Logging die Daten ablegt. Dabei wird der Zugriff auf die eigentlichen Tabellen mit Views gesteuert, damit während einer Rotation immer in genau eine Datenbank geschrieben wird, die sich für diesen Zyklus-Abschnitt im Schreib-Modus befindet.

Die Indizes und Schlüssel der Puffer-Datenbanken sind für das Schreiben, die Ziel-Datenbank für das Lesen optimiert. Die konkreten Index-Einträge werden jeweils beim Einfügen der Daten in die Tabellen kreiert.

Rotation und Daten-Übertragung

In Phase I der Rotation befinden sich noch keine Informationen in den Datenbanken und die Views, auf die die Logging-Komponente schreibend zugreift, referenzieren auf die Puffer-Datenbank mit dem Index 0.

Nach einer bestimmten Zeit-Periode in Phase I, in der das Logging seine Daten in die Puffer-Datenbank mit dem Index 0 geschrieben hat, beginnt die erste Rotation in der folgenden Aktionen ausgeführt werden:

- Referenzen der Views werden geändert
  Die Referenzen der Views werden auf die Puffer-Datenbank mit dem nächstgrößeren Index gesetzt. Die Daten des Loggings fließen jetzt in die Puffer-Datenbank mit dem Index 1.

- Export der bisher angefallenen Daten
  Die Datensätze aus der bisher aktiven Puffer-Datenbank mit dem Index 0 werden in eine komprimierte Datei exportiert.

- Übertragung der Export-Daten
  Die Export-Datei wird zum Zielserver übertragen und dort extrahiert.

- Einspielen der Export-Daten
  Auf dem Zielserver werden die exportierten Datensätze in die Ziel-Datenbank eingefügt und die zugehörigen Indizes erstellt.

- Leeren der verarbeitenden Puffer-Datenbank
  Die Daten aus der bisher aktiven Puffer-Datenbank mit dem Index 0 werden gelöscht.

Der Ring-Puffer befindet sich nun in Phase II. Die Prozessschritte des Übergangs von Phase II zu Phase III gestalten sich analog zum Übergang der Phase I in Phase II. Falls die Puffer-Datenbank mit dem größten Index erreicht wurde, wird mit dem Index 0 fortgefahren.

2.1.3.4 Monitoring

Das Monitoring erlaubt es, gespeicherte Modul-Daten in der Ziel-Datenbank der Datenhaltung zu betrachten und auszuwerten. Im Allgemeinen dient es dazu aufgezeichnete Benutzersitzungen zu analysieren, um vergangene Vorgänge nachvollziehbar zu machen und Detail-Informationen abzufragen. Ein Screenshot des Monitoring-Dienstes, der die Modul-Daten in der Übersicht zeigt und die Filterung bzw. Sortierung der Spalten erlaubt, kann unter Abbildung 2.5 betrachtet werden.

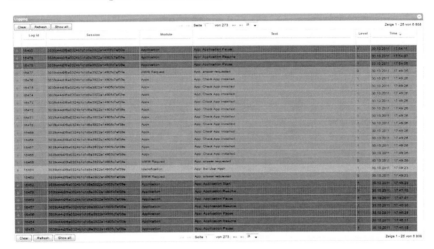

Abb. 2.5: Screenshot des Monitoring-Dienstes

Die Darstellung erfolgt in tabellarischer Form, bei der jede Zeile ein Modul-Ereignis darstellt. Durch einen Mausklick werden alle Modul-Daten zu dem jeweiligen Ereignis-Element angezeigt.

Abb. 2.6: Screenshot des Monitoring-Dienstes mit Anzeige der Modul-Daten.

Die Möglichkeit der Filterung nach Sitzungen, Modulen, Modul-Aktionen und Zeitraum macht das komfortable Auswerten des Datenbestandes möglich. Außerdem wird eine Suche nach speziellen Modul-Daten unterstützt, um Transaktionen und Benutzersitzungen ausfindig zu machen.

2.1.3.5 Statistik

In der Statistik-Komponente werden aus den aufgezeichneten Modul-Informationen Statistik-Daten extrahiert, diese mit Stammdaten angereichert und daraus Berichte und Diagramme erstellt. Die hierbei verwendeten Abfragen folgen einem ähnlichen Extraktions-Schema und speichern ihre Ergebnisse in spezifisch definierten Ergebnis-Tabellen, deren Aufbau für das effektive Abrufen optimiert sind.

Abbildung 2.7 zeigt, wie aus den Informationen der Datenhaltungs-Komponente die Statistik-Datenbank befüllt, anschließend mit den Stammdaten angereichert und in Berichten sowie Diagrammen angezeigt wird.

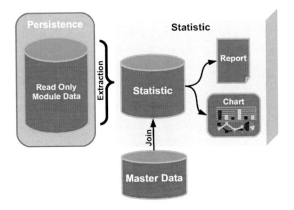

Abb. 2.7: Datenfluss zur Aufbereitung der Statistik

Daten-Extraktion

Bei der Daten-Extraktion wird nach folgendem Schema vorgegangen, um relevanten Modul-Daten zu extrahieren und sie in den Statistiken auswertbar zu machen:

- Extraktion von Modul-Ereignissen
  Aus den Modul-Daten werden bestimmte Ereignisse anhand von Prädikaten extrahiert. So werden beispielsweise aus dem Modul 'Payment' Ereignisse mit dem Wert 'New' extrahiert, die einen 'amount' größer als '100' haben.

- Anwendung von Mengenoperationen
  Auf die Mengen von Modul-Ereignissen werden Operationen wie Schnittmenge, Vereinigungsmenge, Differenz und Komplement angewendet. Damit wird die Menge der Informationen erhalten, die es erlaubt die gewünschten Aspekte zu analysieren.

- Speicherung spezifischer Tabelle
  Auswahl der relevanten Key-Value-Daten. Gegebenenfalls Transformation beziehungsweise Zusammenführung von Werten und Speicherung in einer spezifischen Tabelle mit einer Abbildung von Key = Spalte und Value = Zeile.

- Anreicherung mit Stammdaten
  Einfügen von Stammdaten, die die Lesbarkeit für den Menschen erhöhen z.B. Ersetzen von Identifikationsnummern durch Beschreibungstexte.

Abbildung 2.8 zeigt wie Ergebnismengen mit der Hilfe von Prädikaten aus Modul-Daten gewonnen werden, die anschließend in einer Statistik-Datenbank münden und dort mit Stammdaten angereichert werden.

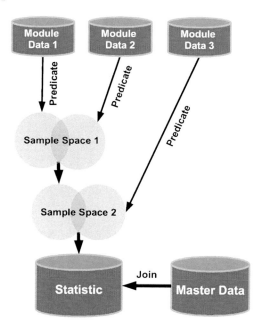

Abb. 2.8: Datenextraktion für die Statistik

2.1.4 Infrastruktur, Kommunikation und Datenfluss

Die auf dem Live-Server anfallenden Modul-Daten der Applikation werden über das für alle Module homogene Interface der Logging-Komponente in den MySQL-View eingetragen, der auf die sich im 'Write-Mode' befindende Ring-Puffer-Tabelle referenziert.

Periodisch werden die im Ring-Puffer angefallenen Daten exportiert, komprimiert und via Secure Copy (SCP/SSH) zum Report-Server übertragen, auf dem die Datensätze extrahiert, importiert, indiziert und für langfristig aufbewahrt werden. Auf dem Live-Server befindet sich somit immer nur ein kleiner Ausschnitt der aktuellsten Modul-Daten.

Der Datenbestand auf dem Report-Server kann im Monitoring-Dienst betrachtet werden und wird außerdem in die Statistik-Tabellen überführt. Hierbei findet eine Extraktion von relevanten Informationen und außerdem eine Transformation statt. Hinzu kommt eine Anreicherung mit Stammdaten, die regelmäßig vom Live-Server übertragen werden.

Aus den Kennzahlen der Statistik werden schließlich Berichte und Diagramme erstellt.

Abbildung 2.8 zeigt den Fluss der Daten vom Live- zum Report-Server, auf dem die Statistk erstellt wird und der Monitoring-Dienst die Überwachung der Daten ermöglicht.

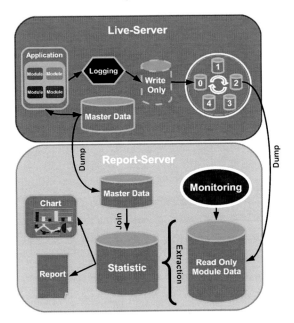

Abb. 2.9: Detailierter Datenfluss im System

2.2 Problembeschreibung und Anforderungen

In diesem Abschnitt werden Probleme aufgezeigt, die die Leistung des bisherigen Systems einschränken. Hierbei wird auf die Komponenten aus dem Abschnitt Ist-Zustand Bezug genommen.

Es wird auf die Zuverlässigkeit, die Leistung und den Funktionsumfang eingegangen und Schwächen aufgezeigt, die sich vor allem mit der enorm wachsenden Menge der Daten ergaben.

2.2.1 Reliability, Availability und Serviceability (RAS)

Das vorhandene System verarbeitet Informationen, die ökonomische Relevanz haben. Situationen, in denen ein Datenverlust stattfindet oder falsche Berechnungen auftreten, können deswegen hohe wirtschaftliche Verluste zur Folge haben. Bei diesem besonders sensiblen Teil der Komponenten bzw. Prozesse spricht man von einem Critical Computational System [Var00], bei dem Ausfälle nicht tolerierbar sind.

Bei der Erstellung von Berichten und Statistiken sind gelegentlich auftretende kurzzeitige Unterbrechungen der Verfügbarkeit akzeptabel. Diese Teil-Systeme fallen in die Kategorie General Purpose Computing. [Var00]

Die bisher eingesetzte Monitoring und Data-Warehouse Lösung bietet die Protokollierung von fehlgeschlagenen Datenbankabfragen, um ungewollte Datenverluste auszuschließen. Allerdings besteht die Gefahr Datensätzen beim gewaltvollen Beenden des MySQL-Dienstes zu verlieren, da zur Performance-Erhöhung die Delayed-Methode bei Insert-Statements genutzt wird. Das führt dazu, dass Informationen im Arbeitsspeicher gepuffert werden und somit flüchtig sind. [Ora]

Hinzu kommt, dass durch die hohe Komplexität des Ring-Puffers die Wahrscheinlichkeit von Störungen hoch ist. Hierbei ist das Auftreten von Datenverlusten zwar unwahrscheinlich, aber das manuelle Eingreifen der Administration ist im Falle von Beeinträchtigungen unabdingbar. Außerdem besteht die Gefahr des kompletten Systemstillstands beim Versagen der Datenhaltungs-Komponente, da diese nicht redundant ausgelegt ist. Hierbei handelt es sich um einen Single Point Of Failure. [AJ06]

Folglich bietet das System keine Zuverlässigkeit bei Planned (Wartung) [Var00], bzw. Unplanned System Outages (Betriebsstörungen) [Var00] und erfordert einen hohen Wartungsaufwand bei Fehlfunktionen.

2.2.2 Ressourcenverbrauch

Der Ressourcenverbrauch im vorhandenen System ist nicht optimal. Zum einen übersteigt die Indexlänge zum Teil die Größe der eigentlichen Nutzdaten und zum Anderen kann der Großteil der Festplattenzugriffe (I/O) nicht sequenziell ausgeführt werden.

2.2.2.1 Speicher

In der Abbildung 2.10 wird deutlich, dass die Indexlänge für die Tabelle 'logging' um mehr als 50 Prozent größer ist als die eigentliche Datenlänge. Das liegt daran, dass für den schnellen Zugriff auf die Daten B-Tree Indizes [BS08a] für bestimmte Spalten erstellt wurden. Diese werden zwar durch die Verwendung der MyISAM Datenbank-Enginge mit einer Prefix-Kompression [BS08a] versehen. Dies hilft allerdings nur bedingt.

Tabellenname	Engine	Zeilen	Datenlänge	Indexlänge
check_consist	InnoDB	42057	3,5 MB	0 B
logging	MyISAM	242058764	9,5 GB	15,3 GB
logging_data_1	MyISAM	35350280	1 GB	1,2 GB
logging_data_10	MyISAM	9535922	278,4 MB	408,8 MB
logging_data_11	MyISAM	0	0 B	1 kB
logging_data_12	MyISAM	837022	25,3 MB	28 MB
logging_data_13	MyISAM	39702119	1,6 GB	1,7 GB
logging_data_14	MyISAM	584688	22,4 MB	26 MB
logging_data_15	MyISAM	3380	362,8 kB	162 kB
logging_data_16	MyISAM	386512654	21,1 GB	16,1 GB
logging_data_17	MyISAM	289087933	18,7 GB	12,2 GB
logging_data_18	MyISAM	9360985	588,1 MB	407,5 MB
logging_data_19	MyISAM	4067	149,7 kB	177 kB
logging_data_2	MyISAM	913823	50,6 MB	30,2 MB
logging_data_20	MyISAM	192	7 kB	14 kB
logging_data_21	MyISAM	3525666	142,9 MB	147,6 MB
logging_data_22	MyISAM	1175081	41,1 MB	57,6 MB
logging_data_23	MyISAM	0	0 B	1 kB
logging_data_24	MyISAM	0	0 B	1 kB
logging_data_3	MyISAM	14968658	1,4 GB	579,1 MB
logging_data_4	MyISAM	14336	461,8 kB	497 kB
logging_data_5	MyISAM	26715	792,1 kB	0,9 MB
logging_data_6	MyISAM	1691384	47,4 MB	61,4 MB
logging_data_7	MyISAM	5103096	143,6 MB	181,3 MB
logging_data_8	MyISAM	173231997	7,5 GB	5,7 GB

Abb. 2.10: MySQL-Tabellen der Datenhaltung mit jeweiliger Indexlänge und Nutzdaten.

2.2.2.2 Input/Output

Die Grafik für die Festplattenzugriffe zeigt, dass der Großteil der Schreibzugriffe nicht sequenziell stattfindet; dies führt zu geringeren Datendurchsatzraten, weil der Lesekopf der Festplatte Zeit für das Suchen der Daten verwenden muss. Insbesondere bei Group-By-Queries und Volltext-Suchen finden wahlfreie I/O-Operationen der Festplatte statt [BS08b] , die zu einen hohen Ressourcenverbrauch führen.

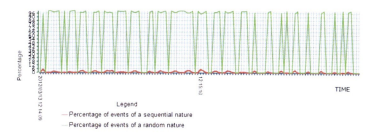

Abb. 2.11: Storage I/O Zugriffs-Muster während der Aufbereitung der Statistik

2.2.3 Performance und Skalierung

Ein MySQL-System ist per se monolithisch strukturiert und skaliert deswegen vorerst nur horizontal. Eine vertikale Skalierung kann durch einen Replikations- und Sharding-Prozess [BS08c] erreicht werden, bei dem Daten auf mehreren Knoten verteilt und gegebenenfalls Partitionierungen in sogenannten Shards gruppiert werden.

Das Ziel hierbei ist, die benötigten Knoten bzw. Shards (Cross-Shard Query) pro Anfrage zu minimieren, da eine übergreifende Abfrage Inter-Knoten-Kommunikation verursacht, welche stark durch die Datendurchsatzrate des Netzwerkes eingeschränkt wird. Beim Sharding mit einer Partitionierung, die die Zeit als Basis verwendet, gelingt dies im vorhandenen System gut, da für die Abfragen der Statistik meist Daten eines begrenzten Zeitraumes betrachtet werden.

Bei der Verteilung der Moduldaten auf mehrere Knoten tritt allerdings das Problem auf, dass bei der Speicherung der Daten nicht klar ist, welche Modul-Daten bei der späteren Auswertung miteinander verglichen werden sollen.

Die vertikale Skalierung des Systems ist folglich begrenzt.

2.2.4 Funktionsumfang und Komplexität der Auswertung

Da der Ressourcenverbrauch hoch und die Skalierung ungenügend ist, kann das System nur einen begrenzten Funktionsumfang bieten und die Möglichkeiten von Auswertung und Abfragen sind limitiert. So ist die mögliche Anzahl der Prädikate pro Modul-Abfrage, das Vergleichen und die Aggregation von unterschiedlichen Modul-Ergebnismengen beschränkt.

Dies führt dazu, dass komplexe Abfragen nicht durchführbar sind und tief liegende Informationen nicht abgefragt werden können.

2.3 Zielsetzung

Diese Arbeit soll untersuchen, wie Teile des bisherigen Systems durch die Open Source Lösung Hadoop [Fouc][Whi10a] und dessen Subprojekte ersetzt werden können, um eine Verbesserung der Leistung zu erzielen. Im Speziellen soll evaluiert werden, welche Auswirkungen der Einsatz des MapReduce [DG04] Verfahrens, der spaltenbasierten, verteilten Datenbank [Foud] [Geo11a] und der Data-Warehouse Komponente Hive [Foue] [TSJ+10] [Whi10b] in Hadoop mit sich bringt.

Ziel ist das Erstellen eines Systems, welches eine hohe Skalierbarkeit bei der Anwendung in einem Cluster bietet, große Datenmengen halten und verarbeiten kann, Ausfallsicherheit gewährleistet und die bisher vorhandene Funktionalität der Überwachung und das Erstellen von Statistiken bietet. Außerdem sollen Abfragen unterstützt werden, die sehr große Zeiträume berücksichtigen und datailiertes Datamining erlauben.

Eine anschließende Evaluation soll zeigen, wie die Performance des neuen Systems ist, ob eine gute Skalierung erreicht wurde und welche relevanten Schwellenwerte ausgemacht werden konnten.

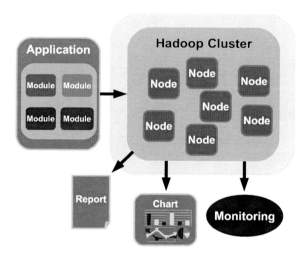

Abb. 2.12: Entwurf der Zielsetzung

3 Grundlagen

In diesem Kapitel werden Begriffe und Technologien beschrieben, die für das weitere Verständnis der Arbeit sinnvoll erscheinen. Die aufgezeigten Verfahren dienen in den Kapiteln "Entwurf" und "Implementierung" als Grundlage.

Vor allem relevant sind die Methoden des Zugriffs auf relationale Datenbanken (PHP Data Objects) und Cluster-Dienste (Thrift), der Daten-Transformation (ETL-Prozess) und die Dienste des Hadoop Frameworks (Hadoop Distributed File System, HBase, Hive und MapReduce) für die Verarbeitung von großen Datenmengen.

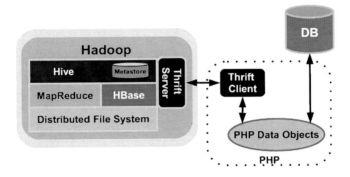

Abb. 3.1: Übersicht der grundlegenden Komponenten

3.1 ETL-Prozess

Beim Import der aufgezeichneten Modul-Daten der Applikation in ein Data-Warehouse spricht man vom sogenannten Extract-Transformation-Load-Vorgang. [RK02]

Im ersten Schritt findet hierbei die Extraktion der Daten statt. Es wird auf die Datenquellen lesend zugegriffen, die relevanten Informationen ausgewählt und diese kopiert.

Darauf folgend findet eine syntaktische und semantische Transformation statt, bei der eine Daten-Korrektur vorgenommen wird, Domänen-Konflikte beseitigt, Standard-Formate erstellt und Daten aus verschiedenen Quellen kombiniert werden.

Abschließend werden die gewonnen Werte im Data-Warehouse hinterlegt (Load).

Der ETL-Prozess kann periodisch, ereignisgesteuert und anfragegesteuert angestoßen werden.

3.2 PHP Data Objects (PDO)

Die PHP Data Objects (PDO) Erweiterung [Groc] stellt eine einheitliche Schnittstelle für den Zugriff auf diverse Datenbanken zur Verfügung.

Sie bietet eine Abstraktions-Schicht, die es erlaubt Abfragen durchzuführen, die unabhängig vom eingesetzten Datenbank-System sind.

Dies erlaubt den Austausch der Datenquelle ohne zwingende Veränderung des Quellcodes. PDO ist mit dem aus dem Java Umfeld bekannten JDBC vergleichbar und bietet eine Unterstützung für folgenden Datenbanken [Grob] :

- CUBRID
- MS SQL Server
- Firebird/Interbase
- IBM
- Informix
- MySQL
- MS SQL Server
- Oracle
- ODBC and DB2
- PostgreSQL
- SQLite
- 4D

3.3 Thrift

Thrift [ASK07] ist eine von Facebook entwickelte Open Source Software-Bibliothek, die die Entwicklung und Implementierung von verteilten Diensten erleichtern soll. Die Bibliothek erlaubt eine effiziente, zuverlässige und plattformübergreifende Kommunikation.

Durch einen neutralen Software-Stack, der in einer Vielzahl von Programmiersprachen implementiert ist, und durch ein Tool zur Quellcode-Generierung werden Interfaces und Daten-Typ-Definitionen in Client-Server basierte Remote-Procedure-Call-Bibliotheken (RPC) umgewandelt.

Ein großer Vorteil von Thrift ist, dass es keine neuen Daten-Typen in den jeweiligen Programmiersprachen einführt, sondern den Gebrauch etablierter Basis-Typen unterstützt.

Der Datentransport wird mit der Hilfe von TCP/IP und einem Binärprotokoll realisiert, welches Ressourcen schont und Overhead vermeidet, allerdings nicht menschenlesbar ist.

Es werden unter Anderem folgenden Programmiersprachen unterstützt:

- C++
- Java
- Python
- Ruby
- PHP

Der Thrift-Compiler, der anhand der Interface- und Daten-Typ-Definitionen die jeweiligen RPC-Bibliotheken erzeugt, ist in C++ implementiert.

3.4 Apache Hadoop

Apache Hadoop [Fouc][Whi10a] ist ein Open Source Software-Framework, das die Verarbeitung von großen Datenmengen in einem verteilten Cluster ermöglicht. Es erlaubt das Arbeiten mit Tausenden von Knoten und riesigen Datenmengen im Bereich von Petabytes [Ana08]. Zur parallelen Berechnung und Verarbeitung der Datensätze wird das MapReduce-Verfahren [DG04] verwendet, welches ursprünglich von Google entwickelt wurde.

Hadoop vereint eine Vielzahl von zusammenarbeitenden Komponenten. Im Rahmen dieser Arbeit sind im Wesentlichen folgenden relevant:

- ZooKeeper [Foub] [Whi10c]
  Ist ein zentralisierter Dienst zum Bereitstellen von Konfigurations-Informationen und Koordinieren von Diensten im Hadoop-Cluster

- Hadoop Distributed File System (HDFS)[Whi10d]
  Das HDFS ist ein Datenspeicher, der sehr große Dateien zuverlässig, das heißt mit Ausfallsicherheit verteilt auf mehreren Rechnern, in einem großen Cluster speichern kann.

- HBase [Foud] [Geo11a]
  HBase ist eine verteilte, Spalten orientierte Datenbank, die HDFS zur Basis nimmt.
- Hive [Foue] [TSJ+10] [Whi10b]
  Hive bietet eine Data-Warehouse Infrastruktur und erlaubt das Abfragen von Daten im Hadoop System mit einem SQL ähnlichen Syntax.

3.4.1 Hadoop Distributed File System (HDFS)

HDFS [Whi10d] ist ein Dateisystem, welches konzipiert wurde, um sehr große Dateien verteilt zu speichern und dabei für den Zugriff mit dem Muster "write once read many" zu optimieren.

Dies wird durch die Aufspaltung der Dateien in Blöcke (standardmäßig 64 MB) und die anschließende Verteilung auf verschiedenen Knoten (Datanodes) erreicht. In einem zentralen Register (Namenode) werden hierbei die Information für den Verzeichnisbaum und die Metadaten der Dateien gehalten.

Die vorhandenen Datanodes melden dem Namenode periodisch die auf ihnen gespeichert Blöcke, dies erlaubt dem System das redundante Verteilen der Daten, um den Ausfall von einzelnen Knoten zu tolerieren.

3.4.2 HBase

Hbase [Foud] [Geo11a] ist eine Open Source Implementierung von Google's Bigtable Datenbank und bietet ein verteiltes, persistentes und strikt konsistentes Storage-System, welches den Festplattenspeicher effektiv nutzt, da es keine zusätzlichen Indizes anlegt und die Kompression von Spalten unterstützt. Außerdem wird das dynamische Hinzufügen von Spalten ermöglicht.

Der Zugriff auf die Daten erfolgt durch einen Single-Index, der mit dem Primär-Schlüssel in relationalen Datenbanken vergleichbar ist.

HBase bietet unter anderem folgende Charakteristik [Geo11b] :

- Keinen echten Index
  Zeilen und Spalten innerhalb einer Zeile werden sequenziell gespeichert, dies vermeidet das Aufblähen eines Indizes und erlaubt eine hohe Performanz beim Einfügen von neuen Datensätzen, die von der Tabellengröße nicht negativ beeinträchtigt wird.
- Automatische Partitionierung
  Mit dem Wachstum einer Tabelle findet eine automatische Aufteilung in Regionen und eine gleichmäßige Verteilung der Daten auf vorhanden Knoten statt.

- Automatische und lineare Skalierung mit neuen Knoten
  Beim Hinzufügen von neuen Knoten werden die aufgeteilten Regionen automatisch neu balanciert, um die Last gleichmäßig zu Verteilen.
- Fehlertoleranz
  Durch die Verteilung auf viele Knoten, wird der Ausfall von einzelnen Knoten vom System toleriert.

Für den entfernten Zugriff auf HBase kann ein Thrift-Client verwendet werden. Im Anhang unter Algorithmus A.1 kann ein Code-Beispiel für die PHP Implementierung des Thrift-Clients betrachtet werden.

3.4.3 MapReduce

Das MapReduce-Verfahren [DG04] ist ein von Google entwickeltes Programmier-Modell, das es erlaubt sehr große Mengen von Datensätzen zu verarbeiten oder zu generieren.

Es ist hoch skalierbar und bietet eine Abstraktion, die die komplexen Details einer Parallelisierung, die Unterstützung von Fehler-Toleranz, Daten-Verteilung und Load-Balancing verbirgt, um sich auf das Wesentliche beschränken zu können – die Berechnung der gewünschten Werte.

Das Verfahren besteht im Wesentlichen aus den Funktionen Map und Reduce, in denen der Code für die Berechnung implementiert wird und die jeweils parallel ausgeführt werden können.

In Hadoop werden die Berechnungen mit Hilfe der sogennanten TaskTracker-Dienste ausgeführt und durch einen Verwaltungs-Dienst namens JobTracker koordiniert.

3.4.3.1 Map-Funktion

Die Map-Funktion verarbeitet eine Reihe von Key-Value-Paaren und gibt die Zwischenergebnisse in einer Liste von neuen Key-Value-Paaren an die Reduce-Funktion weiter.

$map(k1,v1) \rightarrow list(k2,v2)$

3.4.3.2 Reduce-Funktion

In der Reduce-Funktion werden die Key-Value-Paare aus der Map-Funktion verarbeitet und zusammengefasst in der Ergebnisliste zurückgegeben.

$(k2, list(v2)) \rightarrow list(v2)$

3.4.4 Hive

Hive [Foue] [TSJ+10] [Whi10b] ist eine Open Source Data-Warehouse Lösung, die auf Hadoop aufbauend die Abfrage von gespeicherten Daten in einer deklarativen Sprache (HiveQL) erlaubt, welche stark dem SQL-Syntax ähnelt.

In Hive werden Daten als Tabellen und Spalten mit zugehörigen Datentypen (int, string, double, structs, maps, arrays, ...) dargestellt und in benutzerdefinierten Formaten im HDFS oder in HBase abgelegt. Das jeweilige Zeilen-Format ist vom ausgewählten Serializer-Deserializer (SerDe) abhängig.

Die Meta-Daten für jede Tabelle werden im sogenannten Metastore hinterlegt.

Für den entfernten Zugriff auf HBase kann ein Thrift-Client verwendet werden. Im Anhang unter Algorithmus A.2 kann ein Code-Beispiel für die PHP Implementierung des Thrift-Clients betrachtet werden.

3.4.4.1 HiveQL

Der SQL-Dialekt von Hive wird HiveQL[Geo11c] genannt und erfüllt die SQL-92 Spezifikation [90792] nicht. Zum einen liegt das daran, dass das Projekt noch sehr jung ist und zum anderen, dass eine komplette Kompatibilität nicht das Ziel ist. Vielmehr geht es darum, die Hürden neuer Hive-Benutzer zu senken, indem auf bekannte und etablierte Technologien zurückgegriffen wird.

Außerdem bietet HiveQL Erweiterungen, die vom MapReduce-Verfahren inspiriert wurden, wie zum Beispiel Multiple-Inserts [Whi10e], bei denen Daten gleichzeitige in mehrere Tabellen eingefügt werden können, ohne die Quell-Tabelle mehrfach lesen zu müssen.

Jede HiveQL-Abfrage wird, je nach Komplexität, in mehreren MapReduce-Jobs abgebildet, die die entsprechenden Daten verarbeiten und die Ergebnismenge zurückgeben.

Feature	SQL	HiveQL
Updates	UPDATE, INSERT, DELETE	INSERT OVERWRITE
Transactions	Unterstützt	Nicht unterstützt
Indizes	Unterstützt	Nicht unterstützt
Verzögerung	Millisekunden	Minuten
Data types	integral, floating point, fixed point, text and binary strings, temporal	integral, floating point, boolean, string, array, mapp, struct
Functions	Hunderte von Built-In-Functions	Dutzende Built-In-Functions
Multiples inserts	Nicht unterstützt	Unterstützt
Create table as select	Nicht im SQL-92 Standard aber teilweise unterstützt	Unterstützt
Select	SQL-92	Einzelne Tabelle oder View in der FROM-Klausel, Sort By für partiales Sortieren, HAVING-Klausel wird nicht unterstützt
Joins	SQL-92	INNER JOINS, OUTER JOINS, SEMI JOINS, MAP JOINS
Subqueries	In jeder Klausel	Nur in FROM-Klausel
Views	Aktualisierbar	Read-Only
Extension points	User-Defined-Functions, Stored Procedures	User-Defined-Functions, MapReduce-Skripte

Tab. 3.1: Feature Vergleich zwischen SQL und HiveQL Quelle: [Whi10e]

3.4.4.2 Metastore

Der Hive Metastore speichert den Katalog der Meta-Daten von Tabellen, Spalten, usw. und stellt diese dem Hive-Query-Compiler zur Verfügung, wenn dieser HiveQL-Abfragen in MapReduce-Jobs umsetzt.

Er speichert seine Daten in einer traditionellen relationalen Datenbank (in der Regel SQLite oder MySQL), damit er die Informationen ohne große Latenz zur Verfügung stellen kann.

Beim Metastore handelt es sich um eine kritische Komponente, da die in ihm gespeicherten Informationen essenziell für die Verarbeitung der Daten aus dem Hadoop-System sind.

4 Systementwurf

Im folgenden Kapitel wird ein System entworfen, das Handlungsoptionen aus den im Kapitel "Problembeschreibung" aufgezeigten Schwächen und Anforderungen ableitet, um eine Lösung zu entwickeln, die in Hinsicht auf Zuverlässigkeit, Ressourcenverbrauch, Performance und Skalierung eine Verbesserung darstellt.

Es wird auf die entworfene Server-Infrastruktur eingegangen, die Komponenten und deren Kommunikation aufgezeigt und anschließend die Daten-Struktur im Detail erläutert.

4.1 Infrastruktur

Zur bestehenden Infrastruktur wird ein Hadoop-Cluster hinzugefügt, der die Speicherung, Aufbereitung und Verdichtung der Modul-Daten der Logging-Komponente übernimmt. Er bietet Schnittstellen für den Import, für Abfragen des Monitoring-Dienstes und den Export von Statistik-Daten. Hadoop nutzt intern diverse Dienste zur Persistenz, sowie zur parallelen Berechnung und verteilt diese gleichmäßig auf den einzelnen Knoten des Clusters.

In der MySQL-Datenbank des Live- und Report-Servers befinden sich somit nur noch Auszüge aus der Menge aller Modul-Daten. Dadurch wird die Last zur Haltung und Auswertung der Daten fast vollständig auf den Hadoop-Cluster ausgelagert, der für die Verarbeitung von großen Daten-Mengen konzipiert wurde.

Die Stammdaten werden direkt zum Report-Server synchronisiert, wo sie zur Anreicherung der Statistik-Daten dienen.

Eine Grafik der entworfenen Server-Infrastruktur, bei der die Datenhaltung des bestehenden System durch den Hadoop-Cluster, indem Transformation und Extraktion der Statistik-Daten durchgeführt wird, ausgetauscht wurde kann unter Abbildung 4.1 betrachtet werden.

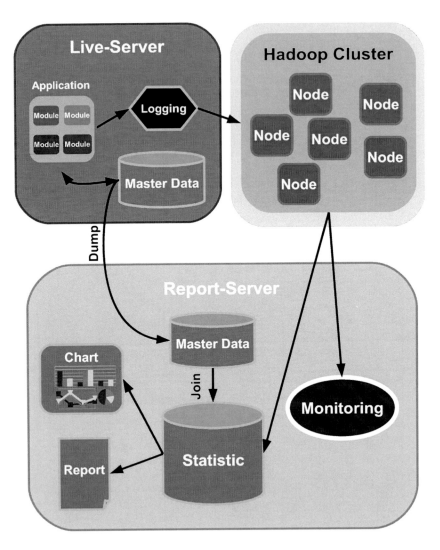

Abb. 4.1: Entwurf Server-Infrastruktur

4.2 Komponenten

Im folgenden Abschnitt werden die Komponenten, die im entworfenen System agieren, vorgestellt, ihre Funktion aufgezeigt und der Kommunikations-Fluss dargestellt. Im Speziellen wird auf den Import bzw. Export eingegangen und der Dienst für das Monitoring der Daten erläutert.

4.2.1 Hadoop Daten-Import

Zum Import der Logging-Daten in den Hadoop-Cluster wird eine Komponente verwendet, die die Daten im Hintergrund aus dem Cache lädt und in der HBase-Datenbank von Hadoop ablegt (ETL). Außerdem wird die Struktur der Daten analysiert und die erstellten Metadaten im Metastore von Hive als HBase-Table-Mappings hinterlegt. Die Kommunikation mit dem Hadoop-Cluster findet über Thrift statt.

Nach dem erfolgreichen Import der Daten stehen diese sofort sowohl in HBase-Tabellen als auch in Hive-Tabellen innerhalb von Hadoop zur Verfügung und sind per Thrift abrufbar.

Abbildung 4.2 zeigt den Datenfluss vom Live-Server zum Hadoop-Cluster im Detail. Den Fluss der Logging-Daten in eine Cache-Datenbank, die Verarbeitung durch die Import-Komponente und Übertragung in die HBase-Datenbank. Parallel dazu findet die Analyse der Struktur der Daten und Hinterlegung im Metastore von Hive statt.

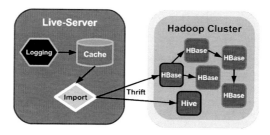

Abb. 4.2: Datenfluss vom Live-Server zum Hadoop-Cluster.

4.2.2 Hadoop Daten-Export

Beim Export der Statistik-Daten werden die relevanten Informationen aus dem Hadoop-Cluster mit Hilfe von Hive-QL Statements selektiert, mit Thrift übertragen und in der

MySQL-Datenbank gespeichert. Dort wird in den jeweiligen Tabellen nur ein begrenzter Ausschnitt der Daten vorgehalten, um performante Abfragen an die MySQL-Datenbank zu garantieren.

Beim Zugriff auf die Daten im Hadoop-Cluster werden aus den in Hive-QL beschrieben Abfragen MapReduce Jobs erzeugt, in denen die Daten aus der HBase-Datenbank verarbeitet und selektiert werden.

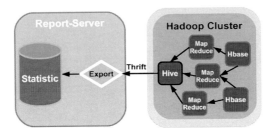

Abb. 4.3: Datenfluss vom Hadoop-Cluser in die Statistik-Datenbank auf dem Report-Server.

4.2.3 Monitoring

Das Monitoring greift mit der Hilfe von Thrift sowohl auf HBase als auch auf Hive zu, um die Stärken beider System zu kombinieren. So kann es, mit der Hilfe von HBase, Daten extrem schnell laden, aber auch komplexe Abfragen mit Hive formulieren, die als MapReduce-Jobs ausgeführt werden.

Die Daten in HBase sind so abgelegt, dass der chronologisch absteigende Zugriff und die Auswahl von bestimmten Zeiträumen performant ausgeführt werden kann. Außerdem wird eine schnelle Suche nach Sitzungen anhand des Tokens ermöglicht. Komplexe Abfragen, Filter und Sortierungen des Monitoring-Dienstes werden in Hive-QL Statements formuliert und an Hive mit der Hilfe von Thrift gesendet. Der Hive-Compiler erstellt aus den Statements MapReduce-Jobs, in denen die Verarbeitung der Daten stattfindet.

Die jeweiligen Detail-Daten der Module werden anhand des Primär-Schlüssels aus der HBase-Datenbank mit Thrift abgefragt.

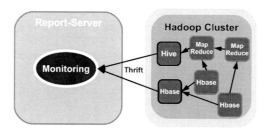

Abb. 4.4: Datenfluss bei Benutzung des Monitoring-Dienstes vom Hadoop-Cluster zum Report-Server.

4.3 Datenstruktur

Das bestehende Datenschema kann stark vereinfacht und durch virtuelle Tabellen (Hive Table-Mappings) erweitert werden, welche die Formulierung von Abfrage-Statements erleichtern. Dies ist möglich, indem in HBase flexibel Spalten hinzugefügt und Table-Mappings in Hive angelegt werden.

4.3.1 HBase

Die Datenstruktur in HBase unterscheidet sich fundamental von den ursprünglichen Tabellen in MySQL (Abb. 2.3).

Für jede Modul-Event-Kombination (siehe 2.1.3.2) wird beim Import eine Tabelle angelegt, die folgendem Schema entspricht:

Tabellen-Name:	log_[module]_[event]
Row_Key:	[time_created]-[session]-[uniqueId]
Spalten:	module event session time_created [key1], [key2], [key3], ...

Tab. 4.1: HBase Tabellen Schema

Für jeden Key-Value-Wert wird eine entsprechende Key-Spalte erstellt ([key1], [key2], [key3], ...), in der die Value-Werte abgelegt werden. Dies ist möglich, da HBase das dynamische Anlegen von Spalten unterstützt und es praktisch keine Begrenzung für die Anzahl der Spalten in einer Tabelle gibt. Als Row-Key wird eine Komposition aus invertiertem Zeitstempel (time_created), Session (session) und eindeutigem Identifier (uniqueId) gewählt: [time_created]-[session]-[uniqueId]

Dies erlaubt das chronologische Auslesen der Modul-Daten, Partial Key Scans [Geo11d] zur Betrachtung von Zeiträumen und unterstützt das Auto-Sharding [Geo11e].

Um eine absteigend chronologische Sortierung (neue Einträge zuerst) zu erreichen, wird eine Invertierung des Zeitstempels durchgeführt. Dies wird erreicht, indem vom maximalen Wert eines Zeitstempels der aktuelle Zeitstempel abgezogen wird (PHP_INT_MAX - [time_created]).

PHP_INT_MAX - [time_created]	[session]	[uniqueId]
9223372035527460112	SID_d787d4df	4f676411e7f7f7

Tab. 4.2: Beispiel für einen HBase Row-Key

Tabellen-Name:	log_payment_pin					
Row_Key:	9223372035527460112-SID_d787d4df-4f676411e7f7f7					
Spalten:		module	event	session	time_created	transactionId	amount
Werte:		payment	pin	SID_d787d4df	1327315695	ID_s54d5adads	199

Tab. 4.3: Konkretes Beispiel für eine erstellte Tabelle mit einem Eintrag.

Für alle Spalten wird definiert, dass jeweils nur eine Revision für jede Spalte vorgehalten werden muss, da es sich um ein *write-once-read-many* System handelt.

Außerdem wird die Kompression (Snappy) der Column-Family aktiviert, da dies die Gesamt-Performance erhöht, weil der Overhead der CPU für Kompression und Dekompression in der Regel geringer ist, als der für das Lesen von mehr Daten vom Festplattenspeicher. [Geo11f]

Zusätzlich zu den Tabellen für die Modul-Daten wird eine Sitzungs-Tabelle (log_session) erstellt, in der Referenzen auf die Events innerhalb einer Sitzung kumuliert abgespeichert werden. Diese Hilfs-Tabelle dient dem Finden einer Session anhand des Sitzungs-Tokens und dem Anzeigen aller Ereignisse innerhalb einer Sizung im Monitoring.

Diese Tabelle entspricht folgendem Schema:

Tabellen-Name:	log_session			
Spalten:	[module1]_[event1]	[module1]_[event2]	...	

Tab. 4.4: Schema der Sitzungs-Tabelle

Als Row-Key wird der Sitzungs-Token (session) gewählt.

Konkretes Beispiel für einen Eintrag in der Tabelle log_session

Tabellen-Name:	log_payment_pin			
Row_Key:	SID_d787d4df			
Spalten:	payment_pin	sms_auth	server_receive	server_entry
Werte:	9223372035527460112-SID_d787d4df-4f676411e7f7f	9223372035527460312-SID_d787d4df-4f0354l1fd458	9223372035527460301-SID_d787d4df-d5df4czn5hrtj	9223372035527460301-SID_d787d4df-4de8tu7iu3jgf

Tab. 4.5: Beispielwerte der Sitzungs-Tabelle

Für alle Spalten ist die Kompression aktiviert und es werden beliebig viele Revisionen vorgehalten, da pro Sitzung jedes Modul-Event mehrmals vorkommen kann.

Beim Auswerten einer Sitzung im Monitoring kann so mit der Hilfe des Sitzungs-Tokens die jeweilige Zeile in der Tabelle "log_session" gefunden werden. Anschließend erlaubt der Name der Spalte das Auffinden der Tabelle für die Module-Events und der Wert der Spalte das Finden der Zeile, in der die Modul-Werte stehen.

4.3.2 Hive

In Hive werden Table-Mappings hinterlegt, die auf die in HBase gespeicherten Daten referenzieren. Die statistische Auswertung der Daten findet auf der Basis von Hive-Tabellen mit Befehlen der Hive-Query-Language statt.

Dadurch wird eine flexible logische Sicht auf die Daten ermöglicht, die verschiedene Aspekte in der Struktur der Daten betonen kann, um die Formulierung von Abfragen zu erleichtern.

Außerdem wird es so möglich, multiple logische Relationen auf physisch gleiche Datenbestände abzubilden. Hinzu kommt, dass Hive die Definition von Datentypen für Spalten erlaubt, wohingegen HBase alle Werte als String betrachtet.

Die Tabellen werden nach folgendem Schema angelegt:

Tabelle	Spalten
logging_session	[module1]__[event1], [module1]__[event2], [module2]__[event1], ...
logging_[module]__[event]	row_key, module, event, session, timestamp, [key1], [key2], ...

Tab. 4.6: Hive Tabellen Schema

Tabelle	Spalten
logging_payment_pin	row_key, module, event, session, timestamp, transactionId, amount
logging_sms_forward	row_key, module, event, session, timestamp, msisdn

Tab. 4.7: Hive Beispiel-Tabellen

Die gewählte Struktur ermöglicht, dass im Abschnitt Daten-Extraktion formulierte Extraktions-Schema komfortabel zu unterstützen und somit das Erstellen und die Wartung von Abfragen zu erleichtern, ohne die Effektivität der Abfragen negativ zu beeinträchtigen.

Die starke Vereinfachung der Abfragen für die Extraktion der Daten, als Folge der Denormalisierung des Tabellen-Schemas, wird bei einem konkreten Beispiel für das Modul 'Request' deutlich:

MySQL	SELECT null as impression_id, l.log_id, (SELECT data FROM escdata_1240399047.logging_data_17 WHERE log_id = l.log_id AND data_name_id = (SELECT data_name_id from escdata_1240399047.logging_data_name WHERE name='REQUEST_URI')order by time_created DESC LIMIT 1) as url, l.time_created, NULL as flag_entry, (SELECT data FROM escdata_1240399047.logging_data_17 WHERE log_id = l.log_id AND data_name_id = (SELECT data_name_id from escdata_1240399047.logging_data_name WHERE name='partner_id')order by time_created DESC LIMIT 1) as partner_id FROM escdata_1240399047.logging l WHERE l.module_id = '17' AND l.text='receive'
Hive-QL	SELECT null, row_key, REQUEST_URI, timestamp, null, partner_id FROM log_server__receive

Tab. 4.8: Vergleich der Abfragen zwischen altem und neuem System

5 Implementierung

Bei der Implementierung wurde auf die Programmiersprache PHP zurückgegriffen, da das bisherige System in dieser Sprache erstellt wurde und sich so der Integrations-Aufwand der Erweiterungen minimal gestaltet und sich die Kompatibilität.

Es wurde ein PHP-Framework für den Zugriff auf den Hadoop-Cluster und beliebige externe Datenquellen implementiert, ein Commandline-Tool für die Systemintegration entwickelt, der Monitoring-Dienst für den Cluster-Betrieb erweitert und Thrift-Clients basierend auf den vorhandenen Schnittstellenbeschreibungen für der Technologien HBase bzw. Hive erzeugt.

5.1 PHP-Hadoop Framework

Das während der Masterarbeit implementierte PHP-Hadoop ist ein Framework, das es auf einfache Weise ermöglicht, auf Dienste des Hadoop-Clusters zuzugreifen, Daten aus diversen Quellen in Hadoop zu überführen, einen ETL-Prozess anzuwenden und Auszüge bzw. Ergebnisse aus dem Hadoop-Cluster zu exportieren.

Das einfache Anwenden wird durch die Bereitstellung eines Commandline-Tools, Plugin-Interfaces für den Import bzw. Export, Thrift-Clients für die Hadoop-Dienste (HBase/Hive) und PHP Data Objects (PDO) für den Zugriff auf relationale Datenbank-Systeme gewährleistet.

Das Framework übernimmt den Programm-Kontrollfluss und stellt über die definierten Schnittstellen konfigurierte Objekte in der Form des Entwurfsmusters Dependency Injection bereit. Das hat den Vorteil, dass die Steuerung der Ausführung an das Framework übergeben wird.

Abbildung 5.1 zeigt die Architektur des PHP-Hadoop Frameworks mit PHP Data Objects (PDO), Thrift Clients, Konfigurations-Klasse und Import- bzw. Export-Schnittstellen.

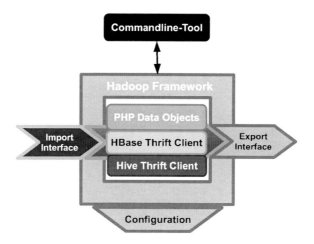

Abb. 5.1: Architektur des PHP-Hadoop Frameworks

Im Anhang unter Abbildung A.1 wird ein Klassendiagramm des PHP-Hadoop Frameworks dargestellt.

5.1.1 Thrift-Clients

Die Thrift-Clients, die den Zugriff auf den Hadoop-Cluster erlauben, werden vom Thrift-Compiler generiert. Dieser erstellt PHP-Klassen anhand der Plattform unabhängigen Schnittstellen-Beschreibungs-Datei für die Dienste HBase und Hive. Die Objekte der PHP-Thrift-Clients werden vom Framework beim Aufruf der jeweiligen Getter-Methode nach dem Singleton Muster erzeugt, konfiguriert und bereitgestellt.

5.1.1.1 HBase

Der Thrift-Client für HBase bietet folgende Methoden zum Verwalten von Tabellen:

- Erstellen (createTable)
- Deaktivieren (disableTable)
- Löschen (deleteTable)

Beim Erstellen von Tabellen muss ein Column-Descriptor erzeugt werden, der definiert welche Attribute (z.B. Kompression oder Versionierung) bestimmten Spalten zugewiesen werden.

Weiter erlaubt er das Modifizieren und Abfragen von Zeilen, die durch einen eindeutigen Primärschlüssel identifiziert werden:

- Einfügen bzw. Verändern (mutateRow)
- Eine Zeile Abrufen (get)
- Mehrere Zeilen Abrufen (scannerGet)

Außerdem wird das Auslesen von Meta- (getColumnDescriptors/getVer) und Status-Information (isTableEnabled) von Tabellen, Spalten und Zeilen mit unterstützt.

5.1.1.2 Hive

Der Hive Thrift-Client erlaubt das Ausführen von Hive-QL Statements (execute) und Abfragen der Ergebniszeilen (fetchAll/fetchOne). Er dient zur Erstellung der Table-Mappings und dem Abfragen der Daten beim Import, bietet aber auch die Möglichkeit reguläre Tabellen anzulegen und Daten in Tabellen abzulegen.

5.1.2 PHP Data Object (PDO)

Das Framework erzeugt und konfiguriert bei Bedarf ein PDO-Objekt im Singleton-Modus, das den Zugriff auf diverse RDBMS erlaubt. Durch den Singleton-Modus wird genau eine Datenbank-Verbindung innerhalb einer Instanz verwendet und dadurch der Ressourcen-Verbrauch minimiert. Die entsprechenden Verbindungs-Daten sind in einer Konfigurations-Klasse hinterlegt.

5.1.3 Plug-in-Interfaces

Die Interfaces definieren Schnittstellen für die Erweiterung von Import- bzw. Export-Funktionalität. Sie erlauben Callbacks, die das Verhalten des Frameworks in bestimmten Situationen steuern, und implementieren Hilfs-Methoden, die das Verarbeiten von Daten und den Umgang mit Hadoop erleichtern.

5.1.3.1 Import

Beim Start des Imports des Hadoop-Frameworks werden initial die benötigten Tabellen in HBase angelegt und eine Instanz des konfigurierten Import-Interfaces erzeugt.

Anschließend werden zeilenweise die Daten über die Import-Schnittstelle abgefragt
(getRow), in HBase mit der Hilfe des HBase-Clients hinterlegt und bei Erfolg das
Ergebnis an das Interface gemeldet (rowProcessed). Falls ein Zeilen-Limit gesetzt wurde,
stoppt das Framework den Import beim Erreichen der Begrenzung, ansonsten werden
alle Daten importiert.

Zusätzlich bietet das Interface eine abstrakte Callback-Methode zum Hinterlegen von Hive-
HBase-Table-Mappings (setupHiveTableMapping), sowie Hilfs-Methoden zum Definieren
der Mappings (addHiveTableMapping) und Normalisierung der Feldnamen (normalizeString).
Eine Normalisierung der Feldnamen verhindert die Verwendung von ungültigen Zeichen.
Insbesondere bei der automatischen Erstellung von Spalten.

Beim Erstellen der Mappings erlaubt das Framework die Definition des Datentyps der
Felder zur Laufzeit über eine Callback-Methode des Interfaces (getHiveColDataType).

Beispiel für die Implementierung eines Import-Plug-ins:

```
/**
 * This is a sample implementation of an import interface class which inserts
 * random generated data into a HBase table 'sampleTableName' and creates
 * a Hive table "samplehiveTable" which is being mapped to the HBase table.
 */
class HadoopImportSample extends HadoopImportInterface
{
  //Initial settings
  public function HadoopImportSample()
  {
    //Set the name of HBase destination table
    $this->hadoop->conf->hbase_tableName = 'sampleTableName';

    //Use field 'id' from getRow() as RowKey in HBase
    $this->hadoop->conf->import_keyColumnName = 'id';
  }
  //Is called from the framework and returns a
  //single row that is being stored in HBase
  public function getRow()
  {
    return $this->generateRowData();
  }
  //Is called from the framework and indicates that
  //the row has been successfully imported
  public function rowProcessed(array $row)
  {
    echo "The following row has been processed:\n";
    var_dump($row);
  }
```

```
30    //Generates random data: unique id as row key and random number between 0-10
31    private function generateRowData()
32    {
33      return array('id' => uniqid(), 'data' => rand(0,10));
34    }
35    //Is called during creation of table mappings
36    public function setupHiveTableMapping()
37    {
38      //Add a Hive table "samplehiveTable" and
39      //map the HBase column "data" to an Hive column "mydata"
40      $this->addHiveTableMapping("samplehiveTable", "data", "mydata");
41    }
42  }
```

Auszug aus der zugehörigen Steuer-Methode des Frameworks:

```
1   /**
2    * Start the import of data into the hadoop cluster
3    * @param int $limit
4    */
5   public function import($limit=null)
6   {
7     //get interface instance
8     $interface = $this->getImportInterface();
9     //create hbase table
10    $this->createHbaseTable();
11
12    for ($i = 0; ($i < $limit || $limit == null || $limit == 0); $i++)
13    {
14      //get row from interface
15      $data = $interface->getRow();
16      if($data == null){
17        break;//no data left
18      }
19
20      //save row to hbase
21      $this->hbasePut($data);
22
23      //confirm success
24      $interface->rowProcessed($data);
25    }
26  }
```

5.1.3.2 Export

Das Export-Interface erlaubt das bequeme Abfragen und Übertragen der im Cluster gespeicherten Informationen.

Hierzu erstellt das Framework ein HiveQL-Statement aus den Daten der Export-Schnittstelle (getHiveQLStatement), sendet die Anfrage über den Hive-Thrift-Client an den Cluster und liefert das Ergebnis zeilenweise zur Weiterverarbeitung an das Interface (processResultRow).

Das Export-Interface bietet zusätzlich Hilfsmethoden zum einfachen Einfügen von Daten in relationale Datenbanken (pdoInsert).

Beispiel für die Implementierung eines Export-Plug-ins:

```
/**
 * This is a sample implementation of an export interface class
 * which exports data from a Hive table named 'samplehiveTable'
 */
class HadoopExportSample extends HadoopExportInterface
{
  //Is called from the framework and returns the select statement
  public function getHiveQLStatement()
  {
    //HiveQL statement zum selektieren der daten
    return "SELECT * FROM samplehiveTable WHERE mydata = '10' ";
  }

  //The framework calls this method for every Hive result row
  public function processResultRow($row)
  {
    var_dump($row);
  }
}
```

Auszug aus der zugehörigen Steuer-Methode des Frameworks:

```php
/**
 * Start the export of data from the hadoop cluster
 */
public function export($limit=null)
{
  $sql=$this->getExportInterface()->getHiveQLStatement();
  $this->getHiveClient()->execute($sql);

  for ($i = 0; ($i < $limit || $limit == null); $i++)
  {
    try {
      $row = $this->getHiveClient()->fetchOne();
    } catch (Exception $e){
    if(!$e->getMessage() == 'OK'){
      echo $e->getMessage();
      break;
    }
    if($row == null || count($row) == 0){
      break;
    }
    //Progressbar
    $this->getExportInterface()->processResultRow(explode("\t", $row));
  }
}
```

5.1.4 Tests

Das entwickelte Framework wurde während der Entwicklung mit der Hilfe von Modul- und Integrations-Tests auf Softwarefehler geprüft. Außerdem wurden Schnittstellentests durchgeführt, um die Export- und Import-Interfaces zu validieren.

Nach Abschluss der Implementierung wurde ein statischer Code-Test durchgeführt, der aus Code-Review und Code-Analyse besteht.

Der fehlerfreie Betrieb wurde mit der Hilfe von Zweigabdeckungstests untersucht.

Anschließend wurde die entwickelte Software unter realen Anforderungen getestet. Hierbei wurde das entwickelte System in Ausnahmesituationen versetzt, um Stresstests durchzuführen. Weiter wurden Crashtests durchgeführt, um das Verhalten beim Eintreten von Fehlern zu überprüfen.

Durch Performance-Tests wurde der Ressourcenverbrauch geprüft, im Besonderen wurden hierbei CPU- und Speicher-Verbrauch evaluiert.

Außerdem bietet das System die Ausführung von automatisierten Tests, bei denen die Funktion der Schnittstellen zum Hadoop-Cluster geprüft wird, Zeilen importiert bzw. exportiert werden und anschließend eine Validierung der verarbeiteten Daten durchgeführt wird.

5.1.5 Commandline-Tool

Das Commandline-Tool erlaubt es, die Funktionalität des Frameworks und der implementierten Plug-ins über eine Konsole auszuführen und außerdem die Verarbeitung der Daten durch die Verwendung von mehreren parallel ausgeführten Prozessen zu beschleunigen.

Der Aufruf wird über Parameter gesteuert. Im Anhang unter Abschnitt A.1 befindet sich eine Tabelle mit allen unterstützen Parametern.

```
[root@localhost hadoop]#./hadoop.sh
------------------------------Usage------------------------------
Import to HBase:        import [-importInterface name] [-limit num]
Import multiple:        massimport [-workers num] [-importInterface name] [-limit num] [log]
Export from HBase:      export [-limit num] [-exportInterface name]
Export multiple:        massexport [-limit num] [log]
Create Hive mapping:    mapping [-importInterface name]
Test run:               testrun
Drop all data:          dropalltables
Drop Hive tables:       drophivetables
Drop HBase tables:      drophbasetables
[root@localhost hadoop]#
```

Abb. 5.2: Beispielaufruf des Commandline-Tools

```
[root@localhost hadoop]#./hadoop.sh massimport log
Worker 0)Importing data to hbase..................:.................:.................:..........
Worker 1)Importing data to hbase..................................................................
Worker 2)Importing data to hbase..................................................................
Worker 3)Importing data to hbase..................................................................
Worker 4)Importing data to hbase.................................................................:
Worker 5)Importing data to hbase..................................................................
Worker 6)Importing data to hbase..................................................................
Worker 7)Importing data to hbase..................................................................
Worker 8)Importing data to hbase..................:...............................................
Worker 9)Importing data to hbase..................................................................

Quit log viewer with CTR+C
```

Abb. 5.3: Ausgabe beim Import von Daten mit 10 parallelen Prozessen.

5.1.6 Programmfluss

Im foglendem Abschnitt wird der Programmfluss und die Interaktion der verschiedenen Klassen beim Import und Export der Daten, sowie beim Erstellen der Hive Table-Mappings dargestellt.

5.1.6.1 Import

Beim Anstoßen des Imports über die Kommandozeile erstellt das Commandline-Tool eine Instanz des Hadoop-Frameworks (new Hadoop()). Unmittelbar darauf erzeugt das Framework ein neues Konfigurations-Objekt (new HadoopConfiguration()), das mit der Standard-Konfiguration vorbelegt ist. Anschließend startet das Commandline-Tool den Import über den Aufruf der entsprechenden Methode (import()) am Objekt des Frameworks.

Das Framework erzeugt nun eine, im Konfigurations-Objekt definierte, Instanz der Implementierung der Import-Schnittstelle (HadoopImportInterface) im Singleton-Modus (getImportInterface()). Im Konstruktur des Import-Plugins werden zeitgleich die Einstellungen für den Import getroffen und im Konfigurations-Objekt hinterlegt (setConfiguration()).

Im Anschluss erzeugt das Framework in der Konfiguration definierte (getConfiguration()) HBase-Tabellen (createHBaseTable()) und beginnt die Import-Schleife, in der pro Durchlauf jeweils eine Zeile aus der Import-Schnittstelle abgefragt (getRow()) und in HBase hinterlegt (hbasePut()) wird. Anschließend wird der erfolgreiche Import der Zeile dem Import-Plugin bestätigt (rowProcessed()).

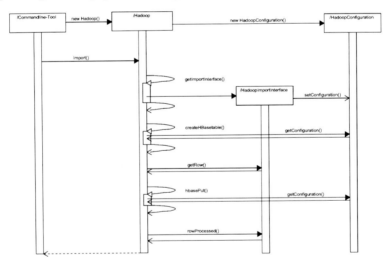

Abb. 5.4: Sequenzdiagramm der Interaktion beim Import

5.1.6.2 Table-Mapping

Beim Erstellen der Table-Mappings in Hive über die Kommandozeile erstellt das Commandline-Tool eine Instanz des Hadoop-Frameworks (new Hadoop()). Daraufhin erzeugt das Framework ein neues Konfigurations-Objekt (new HadoopConfiguration()), das mit der Standard-Konfiguration vorbelegt ist. Anschließend startet das Commandline-Tool das Erstellen der Mappings durch den Aufruf der entsprechenden Methode (createHiveTableMappings()) am Objekt des Frameworks.

Das Framework erzeugt nun eine, im Konfigurations-Objekt definierte, Instanz der Implementierung der Import-Schnittstelle (HadoopImportInterface) im Singleton-Modus (getImportInterface()). Im Konstruktur des Import-Plugins werden zeitgleich die Einstellungen für den Import getroffen und im Konfigurations-Objekt hinterlegt (setConfiguration()).

Das Framework initiiert im Anschluss das Hinterlegen der Table-Mappings durch das Objekt der Import-Schnittstelle (setupHiveTableMapping()) und sendet (execute()) die erstellten Mappings mit der Hilfe des erzeugten und konfigurierten Hive-Clients (getHiveClient()) an den Cluster. Den Erfolg für das Hinterlegen jedes Mappings wird mit einer Methode des Hive-Clients abgefragt (fetchAll()).

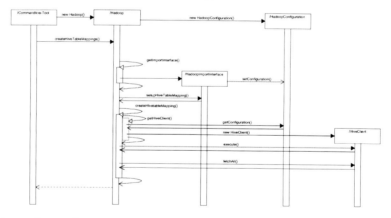

Abb. 5.5: Sequenzdiagramm der Interaktion beim Erstellen von Table-Mappings in Hive

5.1.6.3 Export

Beim Starten des Exports über die Kommandozeile erstellt das Commandline-Tool eine Instanz des Hadoop-Frameworks (new Hadoop()). Daraufhin erzeugt das Framework ein neues Konfigurations-Objekt (new HadoopConfiguration()), das mit der Standard-Konfiguration vorbelegt ist. Anschließend startet das Commandline-Tool den Export über den Aufruf der entsprechenden Methode (export()) am Objekt des Frameworks.

Das Framework erzeugt nun eine, im Konfigurations-Objekt definierte, Instanz der Implementierung der Export-Schnittstelle (HadoopExportInterface) im Singleton-Modus (getExportInterface()). Im Konstruktur des Export-Plugins werden zeitgleich die Einstellungen für den Export getroffen und im Konfigurations-Objekt hinterlegt (setConfiguration()).

Anschließend fragt das Framework das Hive-Query-Language-Statement (getHiveQL-Statement()) für den Export aus der Schnittstelle ab und sendet (execute()) es mit der Hilfe des Hive-Clients (getHiveClient), der als Singleton erzeugt und mit den Werten aus der Konfiguration (getConfiguration()) initialisiert wird, an den Cluster.

Schließlich wird in einer Schleife jede Ergebniszeile (fetchOne()) des Statements vom Hive-Client an die Export-Schnittstelle übergeben (processResultRow()).

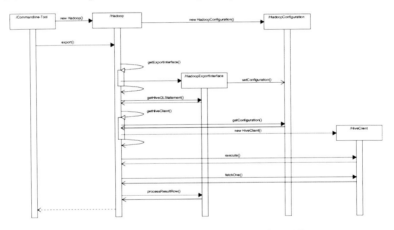

Abb. 5.6: Sequenzdiagramm der Interaktion beim Export

5.2 Monitoring-Dienst

Bei der Implementierung des Monitoring-Dienstes wurden in einer Ableitung der ursprünglichen MySQL basierten Logging-Klasse jene Methoden überschrieben, die die Log-Informationen aus der MySQL-Datenbank abfragen.

Ein großer Teil der Abfragen konnte identisch übernommen werden, da Hive einen SQL-Dialekt unterstützt. Es mussten jedoch einige wenige Kommandos ersetzt werden, da diese nicht in Hive implementiert sind. So geschehen mit der "IN"-Klausel, die durch verkettete "OR"-Kommandos ersetzt werden musste.

Ein Teil der bisherigen SQL-Abfragen wurde mit Methooden des Hbase-Clients realisiert, da sich die Antwortzeiten dadurch wesentlich verkürzen ließen, weil die Daten im Gegensatz zu Hive bzw. MapReduce direkt abgefragt werden können. Auf die Verwendung von Joins konnte vollständig verzichtet werden, da durch den ETL-Prozess die relevanten Informationen in einer Tabelle abgebildet werden.

Beim Abfragen der Log-Detail-Daten wurde SQL vollständig durch die Zugriffsmethoden von HBase ersetzt und die Daten über den Primärschlüssel abgefragt.

6 Evaluation

In diesem Kapitel wird evaluiert, wie sich das entwickelte System im Langzeitbetrieb mit ständig wachsenden Datenmengen verhält. Daraufhin wird prognostiziert wie nachhaltig das erstellte Konzept ist.

Die Simulation wird in einem Hadoop-Cluster durchgeführt, der sukzessiv mit Daten befüllt und gleichzeitig mit Hive-Abfragen beansprucht wird. Es werden die Antwortzeiten gemessen und gleichzeitig der Ressourcenverbrauch des Systems ausgewertet.

6.1 Testumgebung

In einer Xen [Sysa] virtualisierten Umgebung, gehostet von drei Host-Servern, sind neun virtuelle Hosts (hadoop01-hadoop09) vorhanden, die mit jeweils zwei VCPU-Kernen / 4GB VRAM (hadoop01 8 VCPU/16 GB VRAM) ausgestattet sind. Die Daten werden auf jeweils vier virtuellen Festplatten gespeichert, die über iSCSI [Groa] mit Multipath [EG05] (4x1Gbit NIC) an ein Storage-System von Nexenta (4x1Gbit NIC) [Sysb] angeschlossen sind.

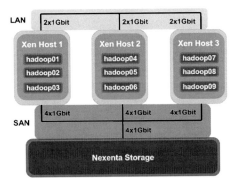

Abb. 6.1: Testumgebung mit drei Xen Host Servern, neun virtuellen host (hadoop01-09) und einem Storage-System von Nexenta

Auf diesen Hosts sind die Hadoop Dienste HDFS, HBase, Hive und MapReduce installiert. Der Host hadoop01 übernimmt zusätzlich die spezielle Rolle als HBase-Master, HDFS-Namenode, MapReduce JobTracker, ZooKeeper und Thrift Server, weswegen er mit zusätzlichem Arbeitsspeicher und mehr CPU-Kernen ausgestattet ist.

Typischerweise besteht ein Hadoop-Cluster aus Knoten mit handelsüblicher Hardware, da das System inhärente Ausfallsicherheit bietet. Beim produktiven Einsatz des Systems würde man folglich auf kostengünstigere Hardware zurückgreifen und auf Virtualisierung, sowie Storage-System verzichten.

Als Hadoop-Distribution wurde das CDH3u2 von Cloudera [Cloa] gewählt, welches mit der Hilfe des Cloudera Managers [Clob] administriert wurde.

6.2 Test-Szenario

Die Evaluation soll ermöglichen, eine Aussage über die Eignung des entwickelten Systems für den langfristigen Betrieb zu treffen. Deswegen wurde das Test-Szenario so gewählt, dass es nahe an den Eigenschaften des Produktiveinsatzes liegt. So wird davon ausgegangen, dass die Daten-Menge des Systems stetig steigt und ein Daten-Import auch während der Ausführung von Abfragen zur Aufbereitung der Statistik stattfindet.

Ein wesentliches Kriterium für die Eignung des Systems für den langfristigen Betrieb ist, dass die Antwortzeit für Abfragen möglichst linear und höchstens quadratisch zum Wachstum der Daten steigt. Bei einem exponentiellen Anstieg der Abfrage-Dauer, würde das System nach kurzer Zeit unbrauchbar werden, weil die beanspruchte Zeit für Abfragen zu groß wird.

Ebenso ist eine gleichmäßige Ressourcenauslastung im Cluster wünschenswert, um den Nutzen aus den Betriebsmitteln zu maximieren.

6.2.1 Daten-Import

Im gewählten Test-Szenario wird versucht, die Verarbeitung von Daten, die im Betrieb einer Webseite anfallen, zu simulieren. Hierzu wird der Import von vorhanden Daten aus dem Zeitraum 2009 bis 2012 in HBase mit einer konstanten Anzahl von parallelen Prozessen (8) ausgeführt, um ein konstantes Wachstum der Daten im Cluster und eine konstante Grundlast zu erreichen.

Da jede Messung der Abfragezeit durch Mittelwertbildung einer Messreihe errechnet wird, muss die Datensatzgröße innerhalb einer Messreihe konstant bleiben. Dies wird erreicht, indem der Import für die Module, die von den Anfragen betroffen sind, pausiert wird.

6.2.2 Statistik-Abfragen

Parallel zum Daten-Import nach HBase findet die Ausführung von Hive-Abfragen zur Aufbereitung der Statistik statt. Es wurde eine Teilmenge aus allen vorhanden Abfragen ausgewählt, die kontinuierlich sequenziell ausgeführt wird. Für jede Abfrage wird eine Messreihe von fünf Durchläufen durchgeführt, in der die Ausführungsdauer gemessen wird. Es wird die reine Ausführungsdauer der Anfragen ohne die Übertragung der Ergebnismenge zum Report-Server gemessen.

Vor jeder Messreihe wird die Anzahl der betroffenen Datensätze gemessen und der Daten-Import für die tangierten Tabellen pausiert, damit die betroffene Datenmenge konstant bleibt.

Für jede Abfrage kann folglich bestimmt werden, wie groß die durchschnittliche Ausführungsdauer bei einer bestimmten Menge an Daten ist und wie sich die Antwortzeit im Verhältnis zur Datenmenge verändert.

Folgende Abfragen wurden für die Evaluation verwendet:

Module	Hive Query Language Statement	Bedeutung
Server	SELECT * FROM log_server__receive ORDER BY REQUEST_URI asc	Seitenaufrufe mit Detail-Daten sortiert nach URI der Seite
Entry	SELECT count(*), REQUEST_URI FROM log_state_entry__receive GROUP BY REQUEST_URI	Anzahl der Seiteneinstiege gruppiert nach URI der Seite
SMS	SELECT * FROM (SELECT event, entrypage_id, msisdn, time_created FROM log_sms__auth UNION ALL SELECT event, entrypage_id, msisdn, time_created FROM log_sms__forward) SMS	Summe aller Sofortnachrichten für die Authentifikation und Weiterleitung eines Benutzers und den zugehörigen Detail-Daten wie Einstiegsseite, Mobilfunknummer und Zeitstempel

Module	Hive Query Language Statement	Bedeutung
Sale	SELECT * FROM (SELECT order_id, entrypage_id, event, item_id, operator, msisdn, subscription, session, time_created, FROM log_state_sale___okay WHERE subscription = 'new' UNION ALL SELECT order_id, entrypage_id, event, item_id, operator, msisdn, subscription, session, time_created, FROM log_state_sale___sms WHERE subscription = 'new' UNION ALL SELECT order_id, entrypage_id, event, item_id, operator, msisdn, subscription, session, time_created, FROM log_state_sale___pin WHERE subscription = 'new') SALES	Summe der Verkäufe über verschiedene Kanäle mit Detail-Daten wie Einstiegsseite, Artikel, Mobilfunkoperator, Mobilfunknummer, Art des Abonnements, Sitzung und Zeitstempel

6.2.3 Ressourcenverbrauch

Die Knoten des Hadoop-Clusters sind an ein Ganglia Monitoring System [oC] angeschlossen und senden kontinuierlich relevante Kennzahlen an diesen. Die Werte erlauben es, den Ressourcenverbrauch der einzelnen Knoten und folglich auch die Auslastung des gesamten Clusters zu bestimmen. Unter anderem sind folgende Kennzahlen relevant:

- Last und CPU
- Arbeitsspeicher-Verbrauch
- Netzwerk-Verkehr
- Festplatten-Durchsatz und -Operationen
- Anzahl der Requests an HBase

Ganglia erlaubt es, Kennzahlen grafisch als Verlauf darzustellen und einen bestimmten Betrachtungs-Zeitraum auszuwählen. Während der Ausführung der Abfragen werden automatisiert die Diagramme für den entsprechenden Zeitraum abgefragt und in einem

Bericht zusammengefasst. Dies erlaubt die Auswertung des Ressourcenverbrauch für bestimmte Abfragen.

Die Evaluation soll zeigen, ob sich der Ressourcenverbrauch gleichmäßig auf alle Knoten des Clusters verteilt und inwiefern der Ressourcenverbrauch mit wachsender Datenmenge der Abfragen steigt.

6.2.4 Hive und HBase Vergleich

Nach dem Import aller Daten wird die Abfragezeit von Hive und HBase verglichen, um den großen Unterschied beider Systeme zu verdeutlichen. Hierzu werden Abfragen formuliert, die dieselbe Ergebnismenge zurückliefern und die Dauer der Ausführung der Abfragen in einer Tabelle gegenübergestellt.

6.3 Ergebnis

In diesem Abschnitt werden die Ergebnisse der Evaluation präsentiert. Es wird die Dauer der Abfragen im Verhältnis zur Datenmenge aufgezeigt, der Ressourcenverbrauch des Clusters analysiert und die horizontale Skalierung bei einer unterschiedlichen Anzahl von MapReduce-Knoten ausgewertet.

6.3.1 Statistik-Abfrage

Die Ergebnisse der Hive-Abfragen werden grafisch dargestellt. Aus den einzelnen Messwerten der verschiedenen Durchläufe wird das quadratische Mittel ($\bar{x}_{\text{quadr}} = \sqrt{\frac{1}{n}\sum_{i=1}^{n} x_i^2} = \sqrt{\frac{x_1^2 + x_2^2 + \cdots + x_n^2}{n}}$) gebildet, sowie das Minimum und Maximum ermittelt. Zusätzlich wird die durchschnittliche Standardabweichung ($\sigma_X := \sqrt{\text{Var}(X)}$ mit $\text{Var}(X) = \text{E}((X - \text{E}(X))^2) = \text{E}(X^2) - (\text{E}(X))^2$) berechnet.

Mit den Werten des quadratischen Mittels wird durch lineare Regression eine Gerade ermittelt, die Aufschluss darüber gibt, inwiefern die Abfragezeit im Verhältnis zur Datenmenge linear steigt.

Zusätzlich wird das Bestimmtheitsmaß $R^2 = 1 - \dfrac{\sum_{i=1}^{n}(Y_i - \hat{Y}_i)^2}{\sum_{i=1}^{n}(Y_i - \bar{Y})^2} = \dfrac{\text{Variation der Regresswerte}}{\text{Variation von Y}}$

mit $\hat{Y}$ durch lineare Regression approximiert, $\bar{Y}$ der Mittelwert aller Y Werte gebildet, das Aufschluss über den linearen Zusammenhang gibt (0=kein linearer Zusammenhang,

1=perfekter linearer Zusammenhang), indem es den Anteil der Variation von Y widerspiegelt.

Im Diagramm für die Abfragedauer (Hive-Query Benchmark) wird das Minimum und Maximum (gestrichelte Linie), sowie das quadratische Mittel (solide Linie) der Abfragezeit (Execution Time) in Abhängigkeit zur Datenmenge (Data Set Size in Rows) dargestellt. Die schwarze solide Linie wurde mit der Hilfe der linearen Regression approximiert. In der Legende kann ihre Geradengleichung und das Bestimmtheitsmaß R^2 abgelesen werden.

Im Diagramm für die Standardabweichung (Standard Deviation) wird dargestellt, inwiefern die Zeiten für die Abfragen in Abhängigkeit von der Datenmenge variieren.

6.3.1.1 Server

Die folgende Grafik zeigt die gemessene Dauer der Hive-Abfragen (y-Achse) für die Daten aus dem Modul 'Server' in Abhängigkeit zu der Anzahl der vorhandenen Datensätze (x-Achse). Die durch lineare Regression approximierte Gerade (schwarze Linie) der X- und Y-Werte der Messung weist einen perfekten linearen Zusammenhang auf ($R^2 = 1$). Dies bedeutet, dass trotz der massiv wachsenden Größe der Datenmenge die Abfragedauer exakt linear steigt.

Bei der Betrachtung des Minimums und Maximums der Abfragezeit pro Durchlauf (gestrichelte Linie) wird eine mit steigender Datenmenge leicht wachsende Differenz sichtbar. Dies legt die Vermutung nahe, dass mit steigender Datenmenge bzw. Abfragedauer die Varianz der Zeit einer Abfrage steigt.

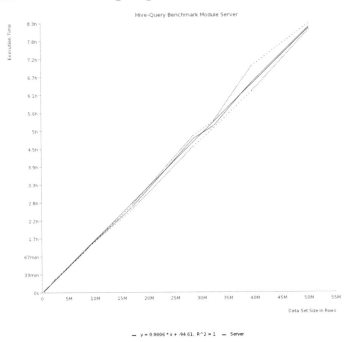

Abb. 6.2: Diagramm zur Dauer einer Hive-Abfrage in Abhängigkeit zur Datenmenge für die Daten aus dem Modul 'Server'

Die Vermutung der steigenden Varianz bei wachsender Datenmenge bzw. Abfragedauer wird vom folgenden Diagramm bestätigt, in welchem die Standardabweichung in Abhängigkeit zur Datenmenge dargestellt wird. Deutlich wird auch, dass die Varianz großen Schwankungen unterliegt. Eine Ursache dafür kann der Neustart eines Map- oder Reduce-Jobs während der Ausführung einer Abfrage sein.

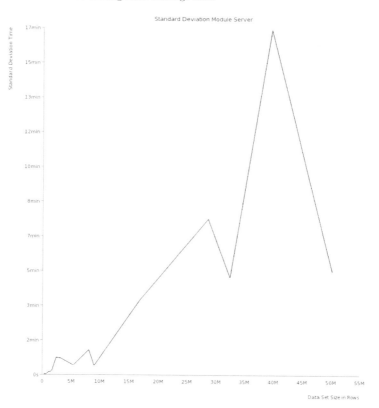

Abb. 6.3: Diagramm zur Standardabweichung einer Hive-Abfrage in Abhängigkeit zur Datenmenge für die Daten aus dem Modul 'Server'

6.3.1.2 Entry

Die folgende Grafik zeigt die gemessene Dauer der Hive-Abfragen (y-Achse) für die Daten aus dem Modul 'Entry' in Abhängigkeit zu der Anzahl der vorhandenen Datensätze (x-Achse). Die Gerade der linearen Regression der Messwerte (schwarze Linie) weist einen perfekten linearen Zusammenhang auf ($R^2 = 1$). Folglich steigt die Abfragedauer linear zur vorhandenen Datenmenge. Die Varianz bezüglich des Maximums und Minimums der Abfragedauer einer Messreihe steigt tendenziell mit der vorhandenen Datenmenge.

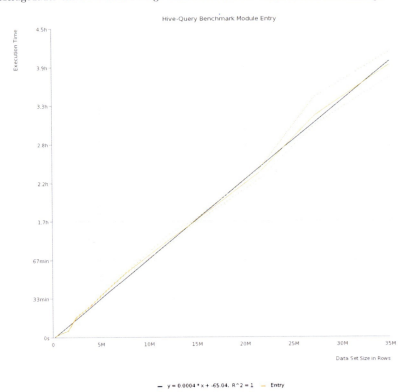

Abb. 6.4: Diagramm zur Dauer einer Hive-Abfrage in Abhängigkeit zur Datenmenge für die Daten aus dem Modul 'Entry'

Das folgende Diagramm zeigt die Standardabweichung der Abfragedauer (y-Achse) einer Messreihe in Abhängigkeit zur Datenmenge (x-Achse). Auch wenn die Varianz mit wachsender Datenmenge zwischenzeitlich sinkt, ist ein klarer Aufwärtstrend abzulesen. Folglich ist es sehr wahrscheinlich, dass die zeitlichen Schwankungen einer Abfrage mit wachsender Datenmenge steigt.

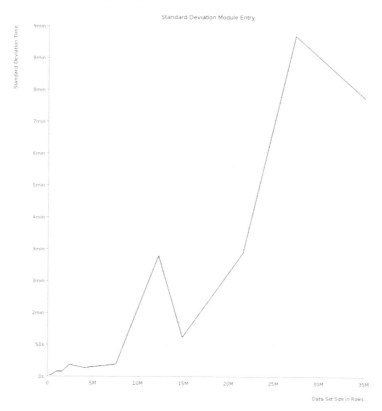

Abb. 6.5: Diagramm zur Standardabweichung einer Hive-Abfrage in Abhängigkeit zur Datenmenge für die Daten aus dem Modul 'Entry'

6.3.1.3 Sale

Das folgende Diagramm zeigt die gemessene Dauer der Hive-Abfragen (y-Achse) für die Daten aus dem Modul 'Sale' in Abhängigkeit zu der Anzahl der vorhandenen Datensätze (x-Achse). In dem Diagramm lässt sich gut die Verzögerung ablesen, die beim Konfigurieren und Starten der MapReduce-Jobs, nach dem Absenden eines Hive-QL Statements entsteht (rote Linie). Diese Verzögerung, die den Umfang von circa 10 Sekunden hat, lässt sich am Anfang der grünen Linie betrachten. Das Bestimmtheitsmaß R^2 für die durch lineare Regression berechnete Gerade der Messwerte (schwarze Linie) weist einen hohen Wert aus (0,996). Folglich besteht ein starker linearer Zusammenhang zwischen approximierter Gerade und der Linie des Messwerts. Daraus lässt sich schließen, dass die Abfragedauer fast genau linear zur vorhandenen Datenmenge steigt.

Da der Unterschied des Minimums und Maximums der unterschiedlichen Messreihen (gestrichelte Linie) stark schwankt, lässt sich nicht genau bestimmen, inwiefern die Varianz mit wachsender Datenmenge steigt.

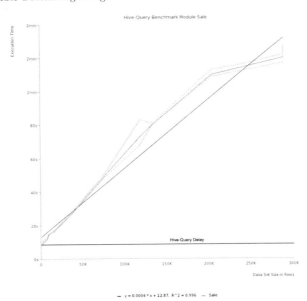

Abb. 6.6: Diagramm zur Dauer einer Hive-Abfrage in Abhängigkeit zur Datenmenge für die Daten aus dem Modul 'Sale'

Die folgende Grafik zeigt die Standardabweichung der Abfragedauer (y-Achse) einer Messreihe in Abhängigkeit zur Datenmenge (x-Achse). Die Varianz ist sehr gering und unterliegt starken Schwankungen – ein Trend lässt sich deswegen schwer erkennen.

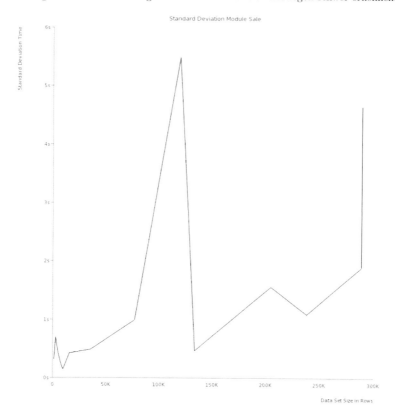

Abb. 6.7: Diagramm zur Standardabweichung einer Hive-Abfrage in Abhängigkeit zur Datenmenge für die Daten aus dem Modul 'Sale'

6.3.1.4 SMS

Die folgende Grafik zeigt die gemessene Dauer der Hive-Abfragen (y-Achse) für die Daten aus dem Modul 'SMS' in Abhängigkeit zu der Anzahl der vorhanden Datensätze (x-Achse). Die Verzögerung bei der Ausführung von Hive-QL Abfragen (rote Linie) lässt sich in der Grafik sehr gut erkennen, da bei einer leeren Datenmenge die Zeit der Abfragedauer circa 7 Sekunden beträgt. Die aus den Messwerten mit linearer Regression approximierte Gerade (schwarze Linie) weist einen sehr hohen linearen Zusammenhang aus ($R^2 = 0{,}999$). Folglich steigt die Abfragedauer fast genau linear zur vorhanden Datenmenge.

Die Varianz der Messwerte einer Messreihe steigt tendenziell mit der Größe der Datenmenge.

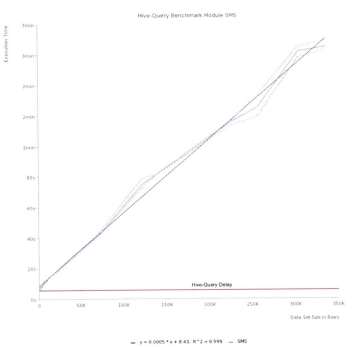

Abb. 6.8: Diagramm zur Dauer einer Hive-Abfrage in Abhängigkeit zur Datenmenge für die Daten aus dem Modul 'SMS'

Im folgenden Diagramm für die Standardabweichung der Abfragedauer (y-Achse) einer Messreihe in Abhängigkeit zur Datenmenge (x-Achse) liegt trotz Schwankungen die Vermutung nahe, dass die Varianz innerhalb einer Messreihe mit wachsender Datenmenge steigt. Die Varianz für die gemessenen Abfragen ist insgesamt gering.

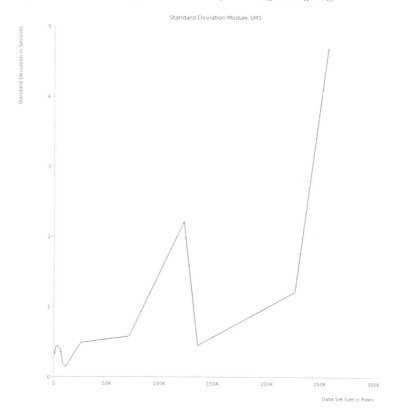

Abb. 6.9: Diagramm zur Standardabweichung einer Hive-Abfrage in Abhängigkeit zur Datenmenge für die Daten aus dem Modul 'SMS'

6.3.1.5 Zusammenfasung

Zusammenfassend lässt sich sagen, dass bei allen Abfragen die Zeit für die Ausführung eines Hive-QL Statements nahezu exakt linear zur Datenmenge wächst. Die Varianz der Abfragedauer innerhalb einer Messreihe steigt bei den Abfragen für die Module Server und Entry mit wachsender Datenmenge erkennbar. Bei den Modulen Sale bzw. SMS liegt die Vermutung nahe, kann aber aufgrund der geringen Größe der Daten nicht eindeutig bestimmt werden.

6.3.2 Ressourcenverbrauch

Im folgenden Abschnitt werden die Diagramme aus dem Ganglia Monitoring System dargestellt und interpretiert. Es wird auf den Load, die CPU-Last, den Verbrauch von Arbeitsspeicher, den Netzwerk-Verkehr, Festplatten Durchsatz bzw. Operationen und die Anzahl der HBase-Requests eingegangen. Ausgewertet wird der Zeitraum, in welchem der Import der Daten und die Ausführung der Abfragen stattfand.

6.3.2.1 Load und CPU-Last

Beim Betrachten der folgenden Grafik zur CPU-Auslastung wird deutlich, dass diese insgesamt sehr gering ist (<5%). Daraus lässt sich schließen, dass die Anfragen zur Aufbereitung der Statistik und der Import der Daten wenig Rechenleistung beanspruchen.

Abb. 6.10: Ganglia Diagramm zur CPU-Auslastung der Nodes im Hadoop-Cluster

Die folgende Abbildung zeigt den Load der laufenden Prozesse im Cluster. Es werden die CPU-Kerne (rot), die Anzahl der Knoten (grün) und die Zahl der aktiven Prozesse (blau) dargestellt. Offensichtlich ist die Zahl der durchschnittlich aktiven Prozesse weit geringer als die verfügbaren Prozessoren. Auch wenn einzelne Knoten im Cluster temporär ausfallen (Absinken der roten und grünen Linien), sind noch mehr als ausreichend Ressourcen vorhanden. Die Zahl der ausgeführten Prozesse steigt trotz wachsender Datenmenge nicht.

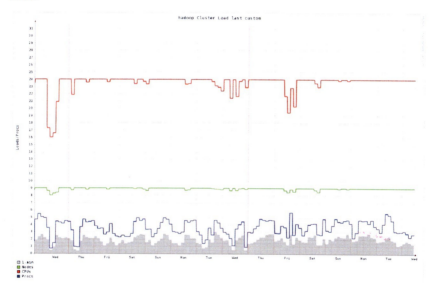

Abb. 6.11: Ganglia Diagramm zum Load im gesamten Hadoop-Cluster

Im folgenden grafischen Vergleich der Knoten im Cluster wird ersichtlich, dass auf dem Host hadoop01 durchschnittlich deutlich mehr Prozesse (Maximum bei über 3.0) aktiv sind. Dies liegt an den zusätzlichen Diensten wie HBase-Master, HDFS-Namenode, MapReduce JobTracker, ZooKeeper und den Thrift-Servern, die er zur Verfügung stellt. Der Unterschied der aktiven Prozesse zwischen den anderen Nodes hingegen ist gering, da sie die gleichen Dienste zur Verfügung stellen.

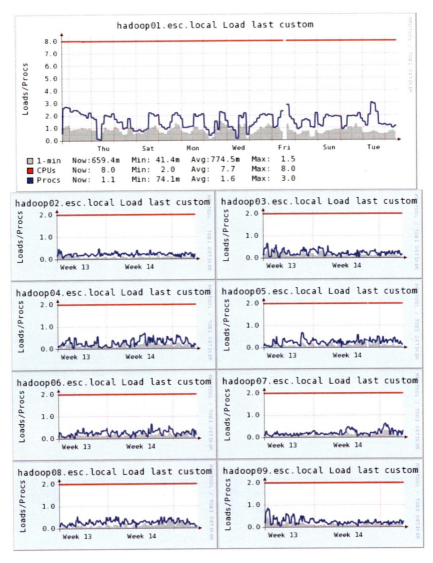

Abb. 6.12: Ganglia Diagramm zur Last der Nodes im dem Hadoop-Cluster

6.3.2.2 Arbeitsspeicher

Die nachfolgende Grafik zeigt den Verbrauch des Arbeitsspeichers des gesamten Hadoop-Clusters. Obwohl die Datenmenge im Laufe der Zeit massiv steigt, bleibt der Verbrauch des Arbeitsspeichers (blau) nahezu konstant. Ein geringer Teil des Arbeitsspeichers bleibt ungenutzt (weiß). Der größte Teil wird als Cache für Dateien verwendet (grün). Auch nach dem Ausfall von Knoten (Absinken der roten Linie) bestand zu keinem Zeitpunkt ein Mangel an Arbeitsspeicher und die Notwendigkeit zum Swappen auf die Festplatte.

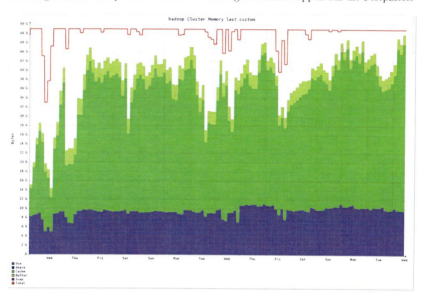

Abb. 6.13: Ganglia Diagramm zum Verbrauch des Arbeitsspeichers im gesamten Hadoop-Cluster

Am folgenden Diagramm lässt sich ablesen, dass die Nutzung des Arbeitsspeichers auch auf den verschiedenen Hosts annähernd gleich ist und trotz der steigenden Datenmenge nahezu konstant bleibt.

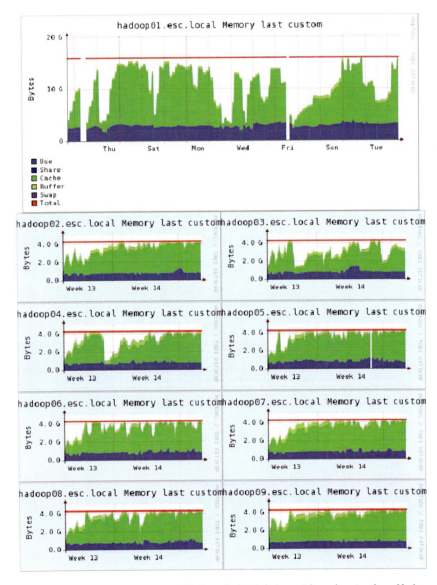

Abb. 6.14: Ganglia Diagramm zum Verbrauch des Arbeitsspeichers der einzelnen Nodes im Hadoop-Cluster

6.3.2.3 Netzwerk-Verkehr

Die nachfolgende Abbildung zeigt eine Zusammenfassung des Netzwerk-Verkehrs im Hadoop-Cluster. Es wird zwischen dem eingehenden (grüne Linie) und abgehenden (blaue Linie) Durchsatz unterschieden. Die deutlich erkennbaren Täler der Traffic-Linien in der Grafik zeigen die Pausen zwischen den Hive-Abfragen, in denen die Grundlast, die durch den konstanten Daten-Import entsteht, abzulesen ist.

Auch ein Ausfall von kritischen Diensten lässt sich erkennen, da zu diesem Zeitpunkt die Netzwerk-Kommunikation auf nahezu null zurückgeht. Der Netzwerk-Verkehr steigt trotz wachsender Datenmenge nicht wesentlich und ist ingesamt sehr niedrig.

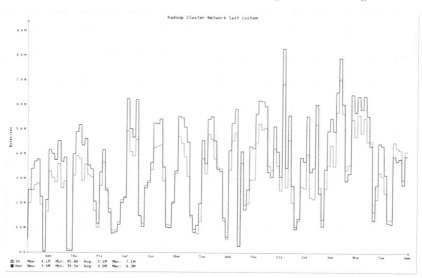

Abb. 6.15: Ganglia Diagramm zum Netzwerk-Verkehr im gesamten Hadoop-Cluster

Bei der Betrachtung des Netzwerk-Verkehrs der einzelnen Knoten in der folgenden Grafik ist erkennbar, dass der Knoten hadoop01 deutlich mehr Daten empfängt als er sendet. Dies ist konträr zu den restlichen Knoten und lässt sich durch die zusätzlichen Dienste erklären, die der Host hadoop01 zur Verfügung stellt.

So kann der Thrift-Server und die Dienste für HDFS-Namenode, HBase-Master, ZooKeeper und MapReduce Job-Tracker als logische Quelle für den zusätzlich ankommenden

Traffic definiert werden. Der eingehende Netzwerk-Verkehr am Server hadoop01 steigt tendenziell leicht an, bleibt aber im restlichen Cluster nahezu konstant und verteilt sich gut.

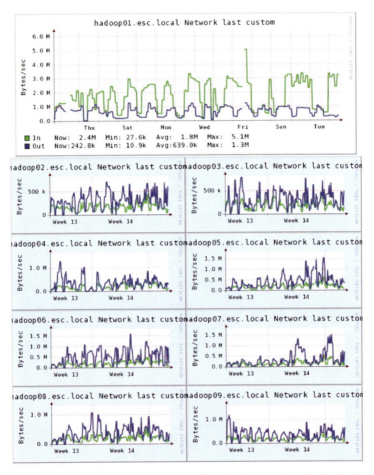

Abb. 6.16: Ganglia Diagramm zum Netzwerk-Verkehr der einzelnen Nodes im Hadoop-Cluster

6.3.2.4 Festplatten-Durchsatz und -Operationen

Bei der Auswertung des Festplatten-Durchsatzes wird zwischen dem Schreiben (write) und Lesen (read) unterschieden.

Betrachtet man die Disk-Reads in der unten stehenden Grafik, wird deutlich, dass die gelesenen Bytes mit wachsender Datenmenge steigen. Die Verteilung der Zugriffe auf die unterschiedlichen Hosts (eine Farbe pro Host) ist bei einer geringen Datenmenge unbefriedigend (erkennbar an den einfarbigen Peaks am Anfang), verbessert sich allerdings mit wachsender Datenmenge deutlich. Dies ist nachvollziehbar, da die Auto-Sharding Funktion von HBase Regionen erst ab einer bestimmten Größe splittet und anschließend auf unterschiedliche Hosts verteilt. Zusätzlich benötigt das HDFS eine gewisse Zeit, um die Replikate einzelner Daten-Blöcke auf den unterschiedlichen Hosts abzulegen.

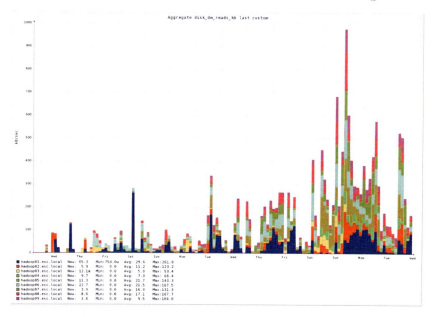

Abb. 6.17: Diagramm der Disk-Reads im gesamten Hadoop-Cluster (stacked)

Eine inhomogene Verteilung der Lesezugriffe wird in der nachfolgenden Grafik, die sich auf eine einzelne Hive-Abfrage und somit auf einen kleineren Zeitraum bezieht, noch deutlicher. Trotz einer für das Auto-Sharding ausreichend großen Datenmenge wird der Cluster einseitig belastet. Dies liegt unter anderem an der Beschaffenheit des Primär-Schlüssels. Durch den sequenziellen Charakter des Keys, der das Produkt eines invertierten Zeitstempels ist, kann das Auto-Sharding nicht volleffektiv arbeiten.

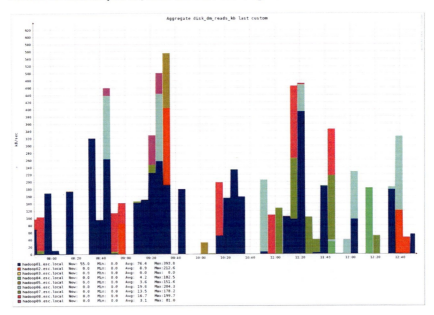

Abb. 6.18: Diagramm der Disk-Reads im gesamten Hadoop-Cluster (stacked) während der Ausführung einer einzelnen Hive-Abfrage

Bei der Betrachtung der Disk-Writes kann im Gegensatz zu den Reads kein wesentlicher Anstieg der geschriebenen Bytes mit wachsender Datenmenge beobachtet werden. Die Verteilung der Schreibzugriffe auf die unterschiedlichen Hosts ist gut. Die Grundlast des Datenimports zwischen den Spitzen beim Schreiben der Ergebnisse ist klar erkennbar.

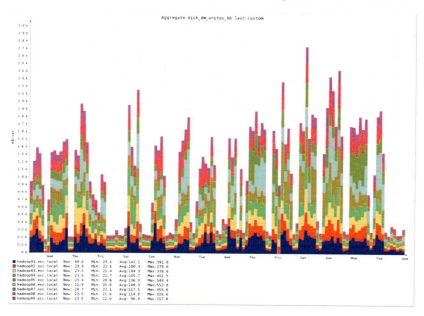

Abb. 6.19: Diagramm Disk-Writes im gesamten Hadoop-Cluster (stacked)

Bei der detaillierten Betrachtung der Schreibzugriffe für die Ausführung einer einzelnen Hive-Abfrage kann deutlich zwischen dem Schreiben von Ergebnissen und der Grundlast durch den Datenimport unterschieden werden. Die Verteilung der Disk-Writes wird gut auf die einzelnen Nodes im Cluster verteilt.

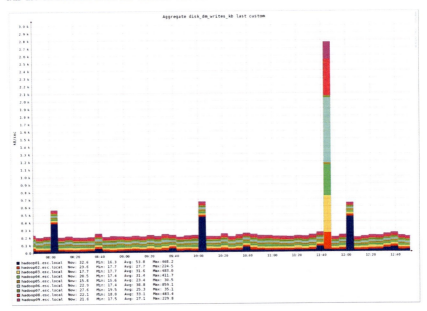

Abb. 6.20: Diagramm Disk-Writes im gesamten Hadoop-Cluster (stacked) während der Ausführung einer einzelnen Hive-Abfrage

Stellt man die Disk-Operationen einander gegenüber wird ein sehr starker Unterschied (> Faktor 50) zwischen der Anzahl der Operationen zwischen Lesen und Schreiben deutlich. Durch den parallen Daten-Import ist es logisch, dass prinzipiell mehr Daten geschrieben werden als gelesen, dies bestätigten zudem auch die vorhergehenden Diagramme.

Der sehr große Unterschied bei der Anzahl der Operationen zeigt jedoch, dass sich die Zahl der geschriebenen Bytes pro Operation zwischen Lesen und Schreiben stark unterscheidet. So werden anscheinend pro Read-Operation weitaus mehr Daten geschrieben, als bei einer Write-Operation.

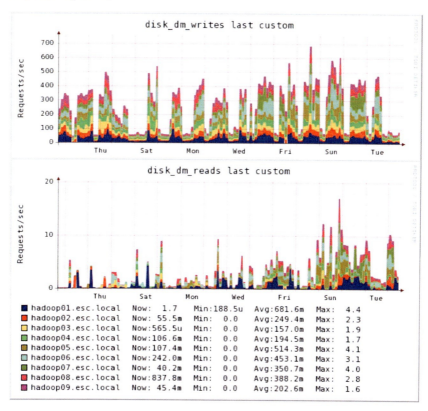

Abb. 6.21: Diagramm Disk-Operationen im gesamten Hadoop-Cluster (stacked)

6.3.2.5 HBase-Requests

Das folgenden Diagramm für die HBase-Request an den Hadoop-Cluster zeigt, dass die Zahl der Anfragen mit steigender Datenmenge nicht steigt. Es findet eine befriedigende bis gute Verteilung auf die verschiedenen Knoten statt. Die Pausen zwischen den Abfragen und die Grundlast lassen sich im Vergleich zu den Diagrammen des Festpletten-Zugriffs nur erahnen. Eine mögliche Ursache dafür ist, dass HBase beim Aufteilen von Regionen, Requests zwischen zwei Servern auslöst.

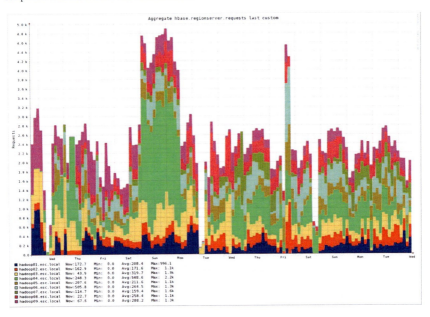

Abb. 6.22: Diagramm HBase Region-Server Requests im gesamten Hadoop-Cluster (stacked)

Bei der Betrachtung der HBase-Request für eine einzelne Hive-Abfrage und somit einen kleinen Zeitraum wird deutlich, dass das Verteilen der Abfragen auf verschiedene Hosts nur unbefriedigend funktioniert. Dies liegt unter anderem an dem sequenziellen Charakter des Primär-Schlüssels, der im Wesentlichen durch den darin enthaltenen Zeitstempel verursacht wird.

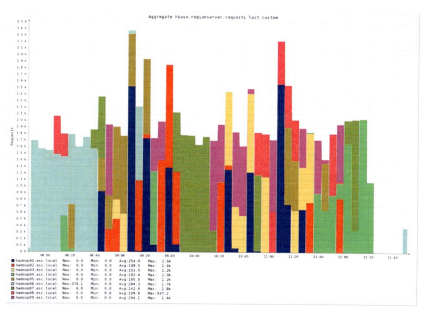

Abb. 6.23: Diagramm HBase Region-Server Requests im gesamten Hadoop-Cluster (stacked) für einen kleinen Zeitraum

6.3.2.6 Zusammenfassung

Zusammenfassend lässt sich feststellen, dass das gewählte Test-Szenario nur zu einer geringen Belastung des Clusters führt. Die Auslastung der CPU, des Netzwerks und des Storage-Systems ist sehr gering. Der Verbrauch des Arbeitsspeichers ist mäßig.

Mit steigender Datenmenge bleibt der Ressourcenverbrauch nahezu konstant. Eine Ausnahme bildet hierbei der leichte Anstieg des eingehenden Netzwerk-Verkehrs am Knoten hadoop01 und die Steigerung der Summe der Lesezugriffe der Festplatten, welche sich allerdings nicht signifikant in der Anzahl der HBase-Request abzeichnet.

Die gleichmäßige Verteilung der Last im Cluster ist gut, wobei der Host hadoop01 eine Ausnahmerolle einnimmt, da er zusätzliche Dienste zur Verfügung stellt. Neben dem erhöhten Verbrauch von Ressourcen wie CPU, Arbeitsspeicher zeigt sich beim eingehenden Netzwerk-Verkehr ein großer Unterschied zu den anderen Nodes.

Die Verteilung der Festplatten-Zugriffe und HBase-Requests ist über einen großen Zeitraum gesehen gut, zeigt aber bei detaillierter Betrachtung Schwächen, die vor allem durch den sequenziellen Charakter des HBase Primär-Schlüssels und das sequenzielle Ausführen der Hive-Abfragen zu erklären sind.

6.3.3 Hive und HBase Vergleich

Die Tabelle 6.2 zeigt den deutlichen Unterschied zwischen den Technologien HBase und Hive bei der Ausführungs-Dauer einer Abfrage. Hive-Abfragen, die in MapReduce-Jobs ausgeführt werden, nehmen wesentlich mehr Zeit in Anspruch, als HBase abfragen. Allerdings bietet Hive-QL einen größeren Umfang an Methoden zur Auswahl der Ergebnismenge.

Typ	Abfrage	Dauer
Zeilen mit Feld 'session' = 'e172ad8f-031bf4dc474130335e964e741613a7b5'		
HBase	scan 'log_server__receive', { COLUMNS => 'log:', FILTER => SingleColumnValueFilter.new(Bytes.toBytes('log'), Bytes.toBytes('session'), CompareFilter::CompareOp.valueOf('EQUAL'), SubstringComparator.new('e172ad8f-031bf4dc474130335e964e741613a7b5'))}	~12 Min.
Hive	SELECT * FROM log_server__receive WHERE session = 'e172ad8f-031bf4dc474130335e964e741613a7b5';	~6,5 Std.
Zeile anhand des Primär-Schlüssels abfragen		
HBase	get 'log_server__receive', '9223372035528296364-e172ad8f-031bf4dc474130335e964e741613a7b5-354530435'	~0,03 Sek.
Hive	SELECT * FROM log_server__receive WHERE key = '9223372035528296364-e172ad8f-031bf4dc474130335e964e741613a7b5-354530435'	~4,7 Sek.
Zahl der Zeilen in der Tabelle 'log_server__receive'		
HBase	count 'log_server__receive'	~54 Min.
Hive	SELECT count(*) from log_server__receive	~6,5 Std.

Tab. 6.2: Vergleich der Abfragedauer von HBase und Hive

7 Fazit

In diesem Kapitel werden die Ergebnisse der Arbeit zusammengefasst und ein Ausblick mit möglichen Erweiterungen dargestellt. Außerdem wird die Arbeit mit einem Epilog abgeschlossen.

7.1 Ergebnis

Das Hadoop-Framework und dessen Komponenten sind hochkomplex. Der Aufwand für die Konfiguration ist massiv und der Funktionsumfang der verschiedenen Module überwältigend. Der Einstieg konnte dank der guten Dokumentation [Foua] und den vielen Ressourcen der Community in überschaubarer Zeit gelingen. Zudem halfen die Bücher "Hadoop: The Definitive Guide" [Whi10a] und "Hbase: The Definitive Guide" [Whi10a] entscheidend bei dem Vermitteln eines weiter reichenden Verständnisses und dem Nachvollziehen von best practice Methoden.

So konnte sich schließlich die große Attraktivität der Software zeigen, die sich nicht nur durch eine starke Modularität auszeichnet, sondern auch außerordentliche Möglichkeiten der parallelen Datenverarbeitung in einem Cluster bietet.

Die Datenbasis stellt hierbei das Hadoop Distributed Filesystem (3.4.1) dar, welches es ermöglicht, Dateien mit praktisch unbegrenzter Größe ausfallsicher und verteilt abzulegen. Darauf aufbauend bietet HBase (3.4.2), die Spalten basierte Datenbank von Hadoop, ein äußerst flexibles Schema. In diesem können Daten mit einem eindeutigen Key rasant abgelegt oder abgefragt werden. Durch Features wie automatische Partitionierung, Kompression, Versionierung und Scanning wird eine exzellente Performance erreicht, die linear mit dem Hinzufügen von neuen Knoten skaliert.

Verknüpft mit Table-Mappings der Data-Warehouse Komponente Hive (4.3.2) ergibt sich die Möglichkeit diverse logische Sichten auf das flexible Schema von HBase zu projizieren. Dadurch werden sehr dynamische Abfragen möglich, die in einem SQL ähnlichen Syntax formuliert werden und deshalb einen leichten Zugang für SQL-Erfahrene bieten.

Trotz des experimentellen Status der Anbindung von Hive an HBase und bisher fehlenden Funktionen wie HBase-Filter [Trab] oder Hive-Partitionen [Traa], überzeugen die gewonnen Ergebnisse schon jetzt (Kapitel 6). Man muss sich allerdings darüber im

Klaren sein, dass Hive-Abfragen und deren MapReduce-Jobs enorm viel Zeit in Anspruch nehmen können und sich die Abfrage-Dauer zwischen Hive und HBase teilweise eklatant unterscheidet (6.2).

Die Integration in ein bestehendes System ist komfortabel möglich, da bei der Nutzung der Thrift-Clients (3.3, A.1, A.2) der Zugriff auf die Dienste HBase und Hive von allen gängigen Plattformen unterstützt wird.

Zusammenfassend lässt sich feststellen, dass Hadoop prädestiniert für die Verarbeitung von riesigen Datenmengen ist und sich sehr gut zum Betrieb einer Monitoring und Data-Warehouse Lösung eignet. Sowohl das Ablegen und Abrufen in Echtzeit (HBase) als auch das Prozessieren im Hintergrund ist möglich (MapReduce). Das Formulieren von Abfragen wird durch den SQL ähnlichen Syntax stark vereinfacht.

7.2 Ausblick

Die Evaluation hat gezeigt, dass obwohl der Hadoop-Cluster den Ausfall von einzelnen Knoten toleriert, das System zum Stehen kommt, sobald einer der kritischen Komponenten ausfällt. Zu diesen kritischen Elementen gehören die Dienste HDFS-Namenode, HBase-Master, MapReduce Job-Tracker, ZooKeeper und die Thrift-Server. Da alle diese Dienste auf dem Knoten hadoop01 ausgeführt werden, handelt es sich hier um einen sogenannten Single Point Of Failure [AJ06]. Um eine höhere Ausfallsicherheit des Hadoop-Clusters zu erreichen, wäre es möglich die kritischen Dienste redundant auszulegen, den Datenbestand stetig zu synchronisieren und die Inbetriebnahme der Backup-Dienste beim Eintreten eines Ausfalls zu steuern.

Da bisher die Unterstützung von Hive-Partitionen [Traa] fehlt, wäre eine mögliche Erweiterung die Implementierung einer Partitionierung auf Applikations-Ebene. Dies könnte realisiert werden, indem beim Import der Daten und Ausführen der Abfragen zusätzliche Tabellen verwendet werden, die beispielsweise nach Jahren partitioniert sind. So wäre es möglich, die Daten für die Jahre 2011 und 2012 in unterschiedlichen Tabellen zu speichern.

In der Evaluation zeigte sich, dass die gleichmäßige Verteilung der HBase-Request auf alle Knoten nicht möglich ist, weil der Primär-Schlüssel einen sequenziellen Charakter aufweist. Um die vorhanden Potenziale besser nutzen zu können, könnten die Hive-Abfragen parallel ausgeführt und mit Hilfe des Job Scheduling [Whi10f] von Hadoop so gesteuert werden, dass sich die HBase-Requests gleichmäßiger verteilen.

Weitere Handlungsvorschläge für die Fortsetzung der Arbeit wären zu evaluieren, wie sich die Abfragedauer mit weiter wachsender Datenmenge (Petabyte und mehr), bei der Verwendung von Join-Operationen (Kreuzprodukt) und beim Reduzieren unterschiedlicher Anzahl von Nodes (horizontale Skalierung) verhält.

7.3 Epilog

In den 40er Jahren dachte man, zukünftige Computer würden nur noch 1.000 Vakuumröhren besitzen und weniger als eineinhalb Tonnen wiegen. In den 50er Jahren dachte man, eine Handvoll Computer würden den Weltbedarf an Rechenleistung bewältigen. In den 80er Jahre dachte man, 640KB Arbeitsspeicher wären ausreichend. Vor 1997 dachte man, zwei Stellen würden für die Darstellung von Jahreszahlen genügen.

Die Vergangenheit hat zeigt, dass das Festhalten an alten Paradigmen und formals nicht überwindbaren Hürden dem Fortschrittsgedanken nicht gerecht werden kann. Visionen, die den Ursprung für Innovation bilden, wird kein Raum gelassen. Ebenso zeigt sich der Nutzen von nachhaltigen Konzepten, die das langfristige Profitieren von Erfolgen der Vergangenheit erlauben. Ein Beispiel eines nachhaltigen Konzepts ist der Linux Kernel.

In der Gegenwart gibt es kein Betriebssystem, das auf mehr Hardware-Plattformen lauffähig ist als Linux. Über 90% der Super-Computer laufen mit Linux [TOP], die Verbreitung auf Personal Computern nimmt stetig zu und seit der Einführung von Android [Inc] ist die Anzahl der mobilen Geräte, die mit der Hilfe von Linux betrieben werden, explodiert.

Doch was sind die Faktoren, die den Erfolg von Linux begründen? Wie konnte ein Projekt, das in den 90er Jahren von einer Person initiiert wurde, auf eine Größe von nahezu 15 Millionen Code-Zeilen [Ltd] wachsen?

Der Grundstein für den Erfolg von Linux und vielen anderen Open Source Projekten wurde von der Free Software Foundation [FSF] gelegt, sie bildete den rechtlichen Rahmen GNU General Public License (GPL) für die Verbreitung von freier Software. Getragen von einer weltweiten Community, die sich über das Internet verbindet und die Entwicklung mit modernen Software-Tools organisiert, konnten sich durch die Summe kleiner Einzelleistungen ein großes Ganzes bilden.

Hadoop hat viele Parallelen zu Linux. Von einem Einzigen initiiert, durch die Apache Software Foundation behütet, von großen Unternehmen gefördert und einer Community entwickelt konnte Hadoop zu einem populären Software-Projekt wachsen.
Große Anbieter von online Diensten wie zum Beispiel Facebook, Yahoo, Twitter und Ebay setzten auf die Technologien von Hadoop. Stetig steigt die Zahl derer, die Hadoop einsetzen und weiter entwickeln[Fouf]. Alle verbindet die starke Vision von einer Software, die die zukünftigen Herausforderungen der elektronischen Datenverarbeitung meistert.

Mit dieser Arbeit möchte ich Teil dieser Vision werden und die Popularität der Open Source Software Hadoop fördern. Ich möchte meine Ideen, Erkenntnisse und Erfolge mit anderen Teilen, zum Fortschritt beitragen und die Offenheit für Innovation kultivieren. Aus der Vergangenheit lernen, erfolgreich an der Gegenwart teilnehmen und die Basis für eine positive Zukunft legen.

A Anhang

Algorithmus A.1 PHP HBase Thrift Client

```php
1  //Create a connection
2  $socket = new TSocket('localhost', 9090);
3  $transport = new TBufferedTransport($socket);
4  $protocol = new TBinaryProtocol($transport);
5  $client = new HbaseClient($protocol);
6  $transport->open();
7
8  //Query existing tables
9  $tables = $client->getTableNames();
10 foreach($tables as $name)
11 {
12    echo( "{$name}\n" );
13 }
14
15 //Create a table named 'tableName'
16 try{
17 $columns = array(new ColumnDescriptor(array(
18             'name' => 'colFamily:',
19             'maxVersions' => 10
20          )));
21
22 $client->createTable("tableName", $columns);
23
24 } catch(AlreadyExists $ae)
25 {
26    echo( "Exception:{$ae->message}\n" );
27 }
28
29 //Insert a column with a value
30 $mutations = array(new Mutation(array(
31             'column'=>'colFamily:Col',
32             'value' => 'value123'
33          )));
34
35 $client->mutateRow("tableName", "ID_1237846634624", $mutations);
36
37 //Query row
38 $row = $client->getRow("tableName", "ID_1237846634624");
```

Algorithmus A.2 PHP Hive Thrift Client

```php
1  //Create a connection
2  $transport = new TSocket("localhost", 10000);
3  $protocol = new TBinaryProtocol($transport);
4
5  $client = new ThriftHiveClient($protocol);
6  $transport->open();
7
8  //Query existing tables
9  $client->execute('SHOW TABLES');
10 $tables = $client->fetchAll();
11 foreach ($tables as $name)
12 {
13    echo("{$name}\n" );
14 }
15 //Create a HBase table mapping
16 $mapping = 'CREATE EXTERNAL TABLE
17         tableName(Col String, Col1 String) STORED BY
18         \'org.apache.hadoop.hive.hbase.HBaseStorageHandler\'
19         WITH SERDEPROPERTIES ("hbase.columns.mapping"
20                   = "colFamily:Col,colFamily:Col")
21         TBLPROPERTIES("hbase.table.name" = "tableName")';
22 $client->execute($mapping);
23
24 //Query existing tables
25 $client->execute('SELECT * FROM tableName Limit 10');
26 var_dump($client->fetchAll());
```

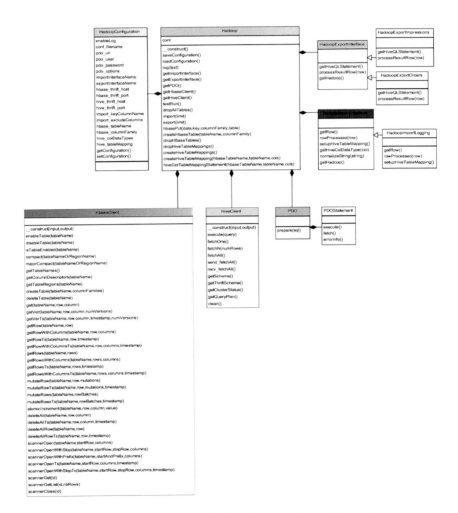

Abb. A.1: Klassendiagramm des PHP-Hadoop Frameworks und dessen Komponenten (siehe Abb. 5.1)

A.1 Parameter des Commandline-Tools

Befehl	Parameter	Beschreibung
import	-importInterface [STRING] (optional) -limit [NUMBER] (optional)	• Importiert Daten in HBase • Limit legt die maximale Anzahl von zu verarbeitenden Zeilen fest
massimport	-workers [NUMBER] -importInterface [STRING] (optional) -limit [NUMBER] (optional) log (optional)	• Importiert Daten in HBase • Workers legt die Anzahl an parallelen Prozessen fest (Standard = 10) • Import Interface legt den Namen des Import-Plug-ins fest (Standard siehe HadoopConfiguration) • Limit legt die maximale Anzahl von zu verarbeitenden Zeilen fest • Log zeigt die Logausgabe der Workers in der Konsole an

Befehl	Parameter	Beschreibung
export	-limit [NUMBER] (optional) -exportInterface [STRING] (optional)	• Exportiert Daten aus Hadoop. • Limit legt die maximale Anzahl von zu verarbeitenden Zeilen fest. • Export Interface legt den Namen des Export-Plug-ins fest (Standard siehe HadoopConfiguration)
massexport	-limit [NUMBER] (optional) log (optional)	• Exportiert Daten von Hadoop und führt alle vorhandenen Export-Plug-ins aus • Limit legt die maximale Anzahl von zu verarbeitenden Zeilen fest • Log zeigt die Logausgabe der Workers in der Konsole an

Befehl	Parameter	Beschreibung
mapping	-importInterface name (optional)	<ul><li>Erzeugt virtuelle Hive Tabellen, die auf Daten in spezifizierten HBase Spalten verweisen</li><li>Import Interface legt den Namen des Import-Plug-ins fest (Standard siehe HadoopConfiguration)</li></ul>
testrun		<ul><li>Startet einen Testlauf, bei dem die PDO, HBase und Hive Verbindung getestet wird, Daten importiert, exportiert und anschließend validiert werden</li></ul>
dropalltables		<ul><li>Löscht alle vorhandenen Tabellen in HBase und Hive</li></ul>
drophivetables		<ul><li>Löscht alle vorhandenen Tabellen in Hive</li></ul>
drophbasetables		<ul><li>Löscht alle vorhandenen Tabellen in HBase</li></ul>

Literaturverzeichnis

[90792]   ISO/IEC 9075:1992. Information technology - database language sql. Technical report, International Organization for Standardization (ISO), 1992.

[AJ06]   Kanwardeep Singh Ahluwalia and Atul Jain. High availability design patterns. In *Proceedings of the 2006 conference on Pattern languages of programs*, PLoP '06, pages 19:1–19:9, New York, NY, USA, 2006. ACM.

[Ana08]   Ajay Anand. Scaling hadoop to 4000 nodes at yahoo! http://developer.yahoo.com/blogs/hadoop/posts/2008/09/scaling_-hadoop_to_4000_nodes_a/, 2008.

[ASK07]   Aditya Agarwal, Mark Slee, and Marc Kwiatkowski. Thrift: Scalable cross-language services implementation. Technical report, Facebook, April 2007.

[BS08a]   Vadim Tkachenko Jeremy D. Zawodny Arjen Lentz Derek J. Balling Baron Schwartz, Peter Zaitsev. *High Performance MySQL - 2nd Edition*, chapter Indexing Basics, page 97. O'Reilly, 2008.

[BS08b]   Vadim Tkachenko Jeremy D. Zawodny Arjen Lentz Derek J. Balling Baron Schwartz, Peter Zaitsev. *High Performance MySQL - 2nd Edition*, chapter Full-Text Searching, page 251. O'Reilly, 2008.

[BS08c]   Vadim Tkachenko Jeremy D. Zawodny Arjen Lentz Derek J. Balling Baron Schwartz, Peter Zaitsev. *High Performance MySQL - 2nd Edition*, chapter Scaling MySQL, page 417. O'Reilly, 2008.

[Cloa]   Cloudera. Cloudera distribution including apache hadoop. https://ccp.cloudera.com/display/CDHDOC/CDH3+Documentation.

[Clob]   Cloudera. Cloudera manager is the first end-to-end management application for apache hadoop. http://www.cloudera.com/products-services/tools/.

[DG04]   Jeffrey Dean and Sanjay Ghemawat. MapReduce: Simplifed Data Processing on Large Clusters. *Operating Systems Design and Implementation*, pages 137–149, 2004.

[EG05]   C. Varoqui & D. Olien E. Goggin, A. Kergon. Linux multipathing. Technical report, Linux Symposium Page 147, 2005.

[Foua]   Apache Foundation. Hadoop wiki. http://wiki.apache.org/hadoop/.

[Foub]   Apache Foundation. Zookeeper. http://zookeeper.apache.org/.

[Fouc]   The Apache Software Foundation. The apache hadoop project develops open-source software for reliable, scalable, distributed computing. http://hadoop.apache.org/.

[Foud]   The Apache Software Foundation. Hbase is the hadoop database. think of it as a distributed scalable big data store. http://hbase.apache.org/.

[Foue]   The Apache Software Foundation. Hive is a data warehouse system for hadoop that facilitates easy data summarization, ad-hoc queries, and the analysis of large datasets stored in hadoop compatible file systems. http://hive.apache.org/.

[Fouf]   The Apache Software Foundation. This page documents an alphabetical list of institutions that are using hadoop for educational or production uses. http://wiki.apache.org/hadoop/PoweredBy.

[FSF]   Inc. Free Software Foundation. The fsf advocates for free software ideals as outlined in the free software definition, works for adoption of free software and free media formats. http://www.fsf.org/.

[Geo11a]   Lars George. *Hbase: The Definitive Guide*. O'Reilly, 2011.

[Geo11b]   Lars George. *Hbase: The Definitive Guide*, chapter 1 - Introduction, page 27. O'Reilly, 2011.

[Geo11c]   Lars George. *Hbase: The Definitive Guide*, chapter 6 - Available Clients, page 258. O'Reilly, 2011.

[Geo11d]   Lars George. *Hbase: The Definitive Guide*, chapter 9 - Advanced Usage - Partial Key Scans, page 360. O'Reilly, 2011.

[Geo11e]   Lars George. *Hbase: The Definitive Guide*, chapter 9 - Introduction - Auto-Sharding, page 21. O'Reilly, 2011.

[Geo11f]   Lars George. *Hbase: The Definitive Guide*, chapter 9 - Performance Tuning - Compression, page 424. O'Reilly, 2011.

[Git06]   Prof. Dr. Wernder Gitt. Die höchste bekannte informationsdicht http://www.werner-gitt.de/down_deu/infodichte.pdf. Technical report, Physikalisch-Technischen Bundesanstalt Braunschweig, 2006.

[Gra11]   Jonathan Gray. Realtime big data at facebook with hadoop and hbase. http://vimeo.com/26804675, 2011.

[Groa]   Network Working Group. Internet small computer systems interface (iscsi). http://tools.ietf.org/html/rfc3720.

[Grob]   The PHP Group. Pdo drivers. http://www.php.net/manual/en/pdo.drivers.php.

[Groc]   The PHP Group. The php data objects (pdo) extension. http://www.php.net/manual/en/intro.pdo.php.

[Inc]   Google Inc. Android, the world's most popular mobile platform. http://www.android.com/.

[Inc10]   Google Inc. Our new search index: Caffeine. http://googleblog.blogspot.com/2010/06/our-new-search-index-caffeine.html, 2010.

[Inc11]   Facebook Inc. Facebook Raises $1.5 Billion. http://newsroom.fb.com/Announcements/Facebook-Raises-1-5-Billion-83.aspx, 2011.

[KB09]   PhD Kwabena Boahen. Googling the brain on a chip https://www.youtube.com/watch?v=mC7Q-ix_0Po. Technical report, Stanford University, 2009.

[Ltd]   Heise Media UK Ltd. Facts and figures for the latest versions of the linux kernel. http://www.h-online.com/open/features/What-s-new-in-Linux-3-2-1400680.html?page=3.

[oC]   Berkeley University of California. Ganglia is a scalable distributed monitoring system for high-performance computing systems such as clusters and grids. http://ganglia.sourceforge.net/.

[oEtNIoH] U.S. Department of Energy and the National Institutes of Health. Human genome project http://www.ornl.gov/sci/techresources/Human_Genome/project/about.shtml http://www.gutenberg.org/browse/authors/h#a856.

[Ora]   Oracle. Mysql 5.5 reference manual. http://dev.mysql.com/doc/refman/5.5/en/insert-delayed.html.

[Res]   Wolfram Research. Google inc. Marktwert http://www.wolframalpha.com/input/?i=market cap google inc.

[RK02]   Margy Ross Ralph Kimball. *The Data Warehouse Toolkit - Second Edition The Complete Guide to Dimensional Modeling*, chapter 1 Data Staging Area, page 30. Wiley Computer Publishing, 2002.

[Sysa]   Citrix Systems. The Xen hypervisor, the powerful open source industry standard for virtualization, offers a powerful, efficient, and secure feature set for virtualization of x86, x86_64, IA64, ARM, and other CPU architectures. http://xen.org/.

[Sysb]   Nexenta Systems. Nexentastor is an easy to use storage appliance, that harnesses the power of the zfs filesystem. it provides enterprise class experience, with an easy to use web based interface to administer your file server. it

	features iscsi support, unlimited incremental backups or 'snapshots', snapshot mirroring (replication), copy on write design and checksums. the best file server for your x86 hardware. http://www.nexentastor.org/.
[TOP]	TOP500.Org. Operating system share over time. http://www.top500.org/overtime/list/32/os.
[Traa]	Apache Foundation Bug Tracking. Support partitioning for non-native tables. https://issues.apache.org/jira/browse/HIVE-1223.
[Trab]	Apache Foundation Bug Tracking. Support range scans and non-key columns in hbase filter pushdown. https://issues.apache.org/jira/browse/HIVE-1643.
[TSJ+10]	Ashish Thusoo, Joydeep S. Sarma, Namit Jain, Zheng Shao, Prasad Chakka, Ning Zhang, Suresh Antony, Hao Liu, and Raghotham Murthy. Hive - a petabyte scale data warehouse using Hadoop. pages 996–1005, March 2010.
[Var00]	Enrique Vargas. High availability fundamentals. *Sun BluePrints*, 2000.
[Whi10a]	Tom White. *Hadoop: The Definitive Guide - 2nd Edition*. O'Reilly, 2010.
[Whi10b]	Tom White. *Hadoop: The Definitive Guide - 2nd Edition*, chapter 12 - Hive, page 365. O'Reilly, 2010.
[Whi10c]	Tom White. *Hadoop: The Definitive Guide - 2nd Edition*, chapter 14 - ZooKeeper, page 441. O'Reilly, 2010.
[Whi10d]	Tom White. *Hadoop: The Definitive Guide - 2nd Edition*, chapter 3 - The Hadoop Distributed Filesystem, page 41. O'Reilly, 2010.
[Whi10e]	Tom White. *Hadoop: The Definitive Guide - 2nd Edition*, chapter 13 - Hive, page 393. O'Reilly, 2010.
[Whi10f]	Tom White. *Hadoop: The Definitive Guide - 2nd Edition*, chapter 6 - How MapReduce Works - Job Scheduling, page 175. O'Reilly, 2010.

Abbildungsverzeichnis

2.1	Funktionsübersicht der Applikation mit Modulen, Monitoring und Statistik	6
2.2	Übersicht der Komponenten und dem Informationsfluss	7
2.3	Schema der MySQL-Datenbank der Persistenz.	9
2.4	Datenfluss innerhalb der Datenhaltungs-Komponente	10
2.5	Screenshot des Monitoring-Dienstes	12
2.6	Screenshot des Monitoring-Dienstes mit Anzeige der Modul-Daten.	13
2.7	Datenfluss zur Aufbereitung der Statistik	14
2.8	Datenextraktion für die Statistik	15
2.9	Detailierter Datenfluss im System	16
2.10	MySQL-Tabellen der Datenhaltung mit jeweiliger Indexlänge und Nutzdaten.	18
2.11	Storage I/O Zugriffs-Muster während der Aufbereitung der Statistik	19
2.12	Entwurf der Zielsetzung	21
3.1	Übersicht der grundlegenden Komponenten	22
4.1	Entwurf Server-Infrastruktur	30
4.2	Datenfluss vom Live-Server zum Hadoop-Cluster.	31
4.3	Datenfluss vom Hadoop-Cluser in die Statistik-Datenbank auf dem Report-Server.	32
4.4	Datenfluss bei Benutzung des Monitoring-Dienstes vom Hadoop-Cluster zum Report-Server.	33
5.1	Architektur des PHP-Hadoop Frameworks	39
5.2	Beispielaufruf des Commandline-Tools	45
5.3	Ausgabe beim Import von Daten mit 10 parallelen Prozessen.	45
5.4	Sequenzdiagramm der Interaktion beim Import	46
5.5	Sequenzdiagramm der Interaktion beim Erstellen von Table-Mappings in Hive	47
5.6	Sequenzdiagramm der Interaktion beim Export	48
6.1	Testumgebung mit drei Xen Host Servern, neun virtuellen host (hadoop01-09) und einem Storage-System von Nexenta	50

6.2 Diagramm zur Dauer einer Hive-Abfrage in Abhängigkeit zur Datenmenge für die Daten aus dem Modul 'Server' 56
6.3 Diagramm zur Standardabweichung einer Hive-Abfrage in Abhängigkeit zur Datenmenge für die Daten aus dem Modul 'Server' 57
6.4 Diagramm zur Dauer einer Hive-Abfrage in Abhängigkeit zur Datenmenge für die Daten aus dem Modul 'Entry' 58
6.5 Diagramm zur Standardabweichung einer Hive-Abfrage in Abhängigkeit zur Datenmenge für die Daten aus dem Modul 'Entry' 59
6.6 Diagramm zur Dauer einer Hive-Abfrage in Abhängigkeit zur Datenmenge für die Daten aus dem Modul 'Sale' 60
6.7 Diagramm zur Standardabweichung einer Hive-Abfrage in Abhängigkeit zur Datenmenge für die Daten aus dem Modul 'Sale' 61
6.8 Diagramm zur Dauer einer Hive-Abfrage in Abhängigkeit zur Datenmenge für die Daten aus dem Modul 'SMS' 62
6.9 Diagramm zur Standardabweichung einer Hive-Abfrage in Abhängigkeit zur Datenmenge für die Daten aus dem Modul 'SMS' 63
6.10 Ganglia Diagramm zur CPU-Auslastung der Nodes im Hadoop-Cluster . 64
6.11 Ganglia Diagramm zum Load im gesamten Hadoop-Cluster 65
6.12 Ganglia Diagramm zur Last der Nodes in dem Hadoop-Cluster 66
6.13 Ganglia Diagramm zum Verbrauch des Arbeitsspeichers im gesamten Hadoop-Cluster 67
6.14 Ganglia Diagramm zum Verbrauch des Arbeitsspeichers der einzelnen Nodes im Hadoop-Cluster 68
6.15 Ganglia Diagramm zum Netzwerk-Verkehr im gesamten Hadoop-Cluster . 69
6.16 Ganglia Diagramm zum Netzwerk-Verkehr der einzelnen Nodes im Hadoop-Cluster 70
6.17 Diagramm der Disk-Reads im gesamten Hadoop-Cluster (stacked) 71
6.18 Diagramm der Disk-Reads im gesamten Hadoop-Cluster (stacked) während der Ausführung einer einzelnen Hive-Abfrage 72
6.19 Diagramm Disk-Writes im gesamten Hadoop-Cluster (stacked) 73
6.20 Diagramm Disk-Writes im gesamten Hadoop-Cluster (stacked) während der Ausführung einer einzelnen Hive-Abfrage 74
6.21 Diagramm Disk-Operationen im gesamten Hadoop-Cluster (stacked) . . . 75
6.22 Diagramm HBase Region-Server Requests im gesamten Hadoop-Cluster (stacked) 76
6.23 Diagramm HBase Region-Server Requests im gesamten Hadoop-Cluster (stacked) für einen kleinen Zeitraum 77

A.1 Klassendiagramm des PHP-Hadoop Frameworks und dessen Komponenten (siehe Abb. 5.1) 86